E-Book inside

Mit dem Kauf dieses Buchs erhalten Sie das zugehörige E-Book gratis. Sie können dabei aus zwei Dateiformaten wählen: EPUB (gängiges Format für E-Reader und Tablets) und PDF (für PC und Laptop). So kommen Sie an Ihr kostenloses E-Book:

Rufen Sie im Internet diese Website auf:
↗ http://www.junfermann.de/ebook-inside

Geben Sie den unten stehenden Code in das dafür vorgesehene Feld ein und klicken Sie → Code einlösen. Nach Eingabe Ihrer E-Mail-Adresse und Auswahl des E-Book-Formats erhalten Sie sofort einen Download-Link für das gewünschte E-Book an Ihre E-Mail-Adresse.

Bitte beachten Sie, dass der Code für Sie personalisiert wird und nur einmal gültig ist. Die Datei müssen Sie zunächst auf Ihrem Computer speichern, bevor Sie sie auf ein mobiles Endgerät überspielen können.

Y8NYCD7P

Thomas Prünte

Brücken bauen

Das Geheimnis von Nähe und Distanz in der Partnerschaft

www.junfermann.de

blogweise.junfermann.de

www.facebook.com/junfermann

twitter.com/junfermann

www.youtube.com/user/Junfermann

www.instagram.com/junfermannverlag

THOMAS PRÜNTE

BRÜCKEN BAUEN

DAS GEHEIMNIS VON NÄHE UND DISTANZ IN DER PARTNERSCHAFT

Junfermann Verlag
Paderborn
2023

Copyright © Junfermann Verlag, Paderborn 2023
Coverfoto © g-stockstudio/istockphoto.com
Covergestaltung / Reihenentwurf JUNFERMANN Druck & Service GmbH & Co. KG, Paderborn

Satz & Layout JUNFERMANN Druck & Service GmbH & Co. KG, Paderborn

Bibliografische Information der Deutschen Nationalbibliothek Die Deutsche Nationalbibliothek verzeichnet diese Publikation in der Deutschen Nationalbibliografie; detaillierte bibliografische Daten sind im Internet über http://dnb.d-nb.de abrufbar.

ISBN 978-3-7495-0431-2
Dieses Buch erscheint parallel als E-Book.
ISBN 978-3-7495-0432-9 (EPUB), 978-3-7495-0433-6 (PDF).

Mein besonderer Dank

gilt Stefani Günther

Inhalt

Vorwort

Das Ringen um die richtige Balance von Nähe und Distanz

Wie bedeutsam das Bedürfnis nach menschlicher Nähe ist, hat der Lockdown während der Corona-Pandemie gezeigt. Einem Menschen nah sein zu wollen und es nicht zu dürfen ist schmerzhaft. Zugleich meldete sich der Wunsch nach Distanz bei all denen, die auf beengtem Raum mehr Zeit miteinander verbringen mussten, als sie es gewohnt waren. Für viele Beziehungen waren und sind derartige Erfahrungen ein wahrer Prüfstein.

Doch unabhängig von solchen Extremsituationen ist die Beziehungswelt komplexer geworden und mit ihr die Beziehungsformen. Friends with benefits, Polyamouröse und Swinger experimentieren auf eigene Weise mit Nähe und Distanz. Auf dem Markt der Möglichkeiten wird vieles ausprobiert. Zugleich droht eine Beziehung zur Ware zur verkommen: „Ich trage doch auch nicht jeden Tag dieselben Schuhe" wirbt ein Portal für Sexinteressierte.

Hinzu kommen Veränderungen in der Arbeitswelt. Agiles Arbeiten, Projekte und Jobs in einer anderen Stadt oder im Ausland führen dazu, als Paar ständig oder phasenweise getrennt zu leben. Dies führt zu einem emotionalen Zyklus, der darin besteht, sich wiederholt verabschieden, neu einlassen und wieder trennen zu müssen. Nähe in der Distanz zu halten wird zu einer Herausforderung. Die gemeinsame Zeit nicht mit Erwartungen zu überfrachten wird zu einer anspruchsvollen Aufgabe.

Der Spagat zwischen dem Wunsch nach Nähe einerseits und dem Wunsch nach Freiheit andererseits kann anstrengend sein und zu Spannungen führen. Bindungswünsche und die Sehnsucht nach Exklusivität sowie das Bedürfnis nach Freiräumen müssen ausgelotet und in Einklang gebracht werden.

In diesem Buch stelle ich Ihnen Paare vor, die um eine für sie stimmige Balance von Nähe und Distanz ringen. Die versuchen, Brücken zueinander zu bauen. Dabei gibt es zahlreiche Gründe, die die Umsetzung erschweren können. Sie werden erläutert und näher untersucht. Das hilft Ihnen dabei, sich selbst und Ihren Partner[1] besser einzuschätzen. Dadurch sind Sie in der Lage, an Ihrer Beziehung zu arbeiten – auch an der Beziehung zu sich selbst!

---

1 Zugunsten der besseren Lesbarkeit wurde auf das Gendern verzichtet. „Partner" und ähnliche allgemeine Formulierungen schließen alle Geschlechter mit ein. Danke für Ihr Verständnis.

Darüber hinaus erhalten Sie Anregungen und Hinweise, wie Sie bewusster mit Ihren Problemen von Nähe und Distanz umgehen können. Zur Orientierung finden Sie unter den Brückensymbolen hilfreiche Leitsätze. Die Brücke können Sie wie eine „Eselsbrücke" zur Gedächtnisstütze nutzen, aber auch als emotionale Brücke zu sich selbst und Ihrem Partner verstehen. Reflexionsfragen laden dazu ein, vertieft über die eigene Beziehung nachzudenken.

Aus dem großen Themenfeld von Nähe und Distanz habe für ich dieses Buch einige Aspekte ausgewählt, die mir für eine Beziehung bedeutsam erscheinen. Viele Paare haben mir durch ihre Offenheit und ihr Bemühen, passende Lösungen zu finden, dabei geholfen. Ihnen verdanke ich wertvolle Impulse. Ich würde mich freuen, wenn dieses Buch zum Nachdenken anregt. Und dazu führt, dass Sie durch einen fruchtbaren Austausch mit Ihrem Partner zu einer stimmigen Balance von Nähe und Distanz finden.

Einführung

Die Facetten von Nähe und Distanz

In einer Beziehung suchen wir Nähe, Aufmerksamkeit und Zuverlässigkeit. Wir hoffen, Gemeinsamkeiten zu entdecken, die uns miteinander verbinden. Gegenseitige Unterstützung, Gleichklang und Wertschätzung beruhigen uns. Dann fühlen wir uns geborgen und sicher. Aber wir möchten auch Anregung, Ergänzung und Abenteuer. Allerdings ohne das Risiko, dass der sichere Hafen der Beziehung verloren geht.

Gerät das gute Gefühl, sich in einer Beziehung miteinander nah und verbunden zu fühlen, in Gefahr, entsteht emotionaler Stress. Ist der Partner sehr distanziert und emotional nicht erreichbar, ist man alarmiert. Denn wenn die Distanz größer wird und die vertraute emotionale Nähe verloren geht, entwickelt sich Angst. In dieser Angst zeigen sich unsere kindlichen Prägungen. Nicht nur der Erwachsene ist besorgt, sondern auch das Kind in uns erwacht. Es trägt die Erinnerungen der frühen Bindungserfahrungen in sich.

Waren es überwiegend gute Erfahrungen, kann es mit Nähe und Distanz umgehen. Hat es hingegen schlechte Erfahrungen gemacht, wird Nähe panisch vermieden, verzweifelt gesucht oder zwiespältig erlebt. Waren die ersten Bezugspersonen abweisend, feindselig, widersprüchlich, nur selten verfügbar, nicht empathisch oder grenzüberschreitend, reagiert es verzweifelt mit innerem Rückzug und Distanziertheit. Oder es wird über Gebühr anhänglich, angepasst und unterwürfig. Eine nahe Beziehung fühlt sich dann ambivalent an und nicht selten spürt der Betreffende eine große innere Zerrissenheit. Ein Kind wird alles tun, um sich zu schützen und sein emotionales Überleben zu sichern. Diesen Schutzmustern begegnet man später zwangsläufig in jeder Partnerschaft, wenn es darum geht, sich tiefer aufeinander einzulassen.

Die Regulation von Nähe und Distanz
gehört zur Kernkompetenz in einer Beziehung.

Das Wechselspiel von Nähe und Distanz gehört zum Beziehungsalltag und ist ein *work in progress*. Im Verlauf einer Beziehung lernt man die Wünsche und Ängste in Bezug auf Nähe und Distanz besser kennen. Sowohl die des Partners als auch die eigenen. Dann sucht man nach Wegen, eine zufriedenstellende Balance zu finden.

Für ein Paar bedeutet dies, Raum für das Gespräch über Befürchtungen und Wünsche zu schaffen. Darin kann ausgelotet werden, wie Nähe und Distanz beschaffen und organisiert sein sollten, um sich miteinander wohlzufühlen. Erwartungen an die Beziehung sind zu klären und das rechte Maß von Nähe und Distanz muss stets aufs Neue ausgelotet werden

In diesem sensiblen Prozess wird deutlich, wie wichtig sowohl gute Nähe-Erfahrungen als auch Distanzmöglichkeiten für die Zufriedenheit mit einer Beziehung sind. Stimmt das Mischungsverhältnis, bilden Nähe und Distanz einen guten Nährboden für das Wachstum jedes Einzelnen *und* der Beziehung.

Keine Nähe ohne Distanz

Am Anfang dieses Buches werden zunächst Aspekte der Distanz und Abgrenzung beschrieben. Das mag überraschen, aber der Grund ist einfach: Ohne gute innere Grenzen und die Fähigkeit, bei sich zu bleiben, wird Nähe schnell zum Problem.

Wie wichtig es ist, sich distanzieren und zurückziehen zu können, verdeutlicht das folgende Gedankenspiel:

Stellen Sie sich vor, Ihre Persönlichkeit wäre ein Haus. Doch Ihr Haus hat nur Tür- und Fensterrahmen, aber keine Türen oder Fenster, die Sie schließen können. Sie haben keinen Schutz. Keine Tür, an der Sie selbst entscheiden, ob Sie jemanden in Ihr Reich hineinlassen wollen oder welche Räume er besuchen darf.

Jeder kann kommen und gehen, wie er möchte. Rückzugsmöglichkeiten gibt es nicht. Sie müssen ständig auf der Hut sein, weil Sie nicht sicher sind, wer oder was als Nächstes hereinspaziert. Und ob das, was Sie besitzen, am nächsten Tag noch da ist. All das, was zu Ihnen gehört, Ihre Identität und Ihr Leben ausmacht, könnte verloren gehen. Distanzlosigkeit und ungewollte Nähe sind vorprogrammiert.

Stellen Sie sich zusätzlich vor, dieses Haus hätte einen Garten. Allerdings hat Ihr Garten keinen Zaun. Menschen könnten jederzeit hineingehen, ihn für ihre Zwecke nutzen, Müll hinterlassen oder Ihre Lieblingsblumen pflücken.

Würden Sie sich ohne Grenzen sicher und wohlfühlen? Vermutlich nicht. Ein gut geschützter Innenraum, den man öffnen und schließen kann, bietet auf jeden Fall mehr Sicherheit. Wer sich selbst und seinen Innenraum präsent hat, muss nicht fürchten, in einer nahen Beziehung verloren zu gehen.

Keine Nähe, ohne sich zu öffnen

Ein entgegengesetztes Gedankenspiel verdeutlicht, dass auch zu viel Abgrenzung und Distanz zum Problem werden können. Stellen Sie sich vor, Ihr Haus wäre zum Hochsicherheitstrakt geworden. Überall befinden sich Warnmelder, die Alarm schlagen, sobald sich jemand nähert. Alle Türen sind doppelt und dreifach verriegelt. Vielleicht haben Sie sogar Warnschilder aufgestellt oder das Gelände vermint. Sie trauen sich nicht, die Fenster zu öffnen, geschweige denn eine Tür.

An guten Tagen werfen Sie vielleicht ein Blick durch den Türspion. Würden Sie im Mittelalter leben, wären alle Brücken hochgezogen und die Mauern Ihrer Festung aus meterdickem Stein. Sie würden sich bestenfalls sicher fühlen, aber vermutlich auch allein, ausgegrenzt und einsam.

Diese Überlegungen veranschaulichen, wie wichtig es für eine Beziehung ist, Nähe und Distanz gut auszutarieren. Dazu gehört, die eigenen Schutzmechanismen und die dahinter verborgenen Ängste zu kennen. Sich selbst *und* dem Partner nah zu sein ist ein sensibler und störanfälliger Prozess.

Ja zu sich selbst zu sagen bedeutet, zu seinen Grenzen zu stehen und hin und wieder *Nein* zu seinem Partner zu sagen.

Ja zum Partner zu sagen bedeutet, sich zu öffnen und etwas zu riskieren. Das gelingt gut, wenn man weiß, wer man ist, was einen ausmacht und welchen Wert man besitzt. Und wenn man weiß, wie man sich wieder abgrenzen kann, wenn es zu viel wird.

An diesen Zusammenhang soll die *Nähe-Formel* erinnern. Quasi als „Geheimrezept“ für eine ausgewogene Balance von Nähe und Distanz. Sie lautet:

Nähe-Formel

Ich erlaube genau so viel Nähe,
dass ich keine Angst haben muss, *mich* zu verlieren.

Ich distanziere mich nur so weit,
dass ich *dir* noch nah sein kann und keine Angst haben muss,
dich zu verlieren.

Wenn dies gelingt, hat man eine sichere Heimat in sich selbst *und* in der Beziehung (Abb. 1). Dann kann man sich selbst nah sein und den sicheren Ort in sich selber finden. Das gibt Halt und Stabilität, die nicht ausschließlich vom Partner abhängig sind.

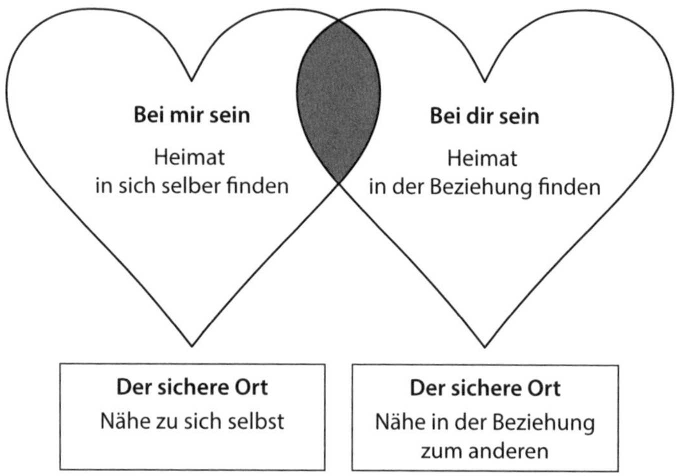

Abbildung 1: Eine sichere Heimat in sich selbst und in der Beziehung finden

Lagom

In der schwedischen Sprache gibt es einen Begriff, der die Nähe-Formel auf den Punkt bringt: *Lagom*. Da es keine direkte Übersetzung ins Deutsche gibt, ist die Erläuterung auf Wikipedia hilfreich: *Lagom* bedeutet so viel wie *gerade richtig, eben nicht zu viel und nicht zu wenig, die ideale Balance, Mittelweg, Ausgewogenheit, Konsens.*

Angeblich geht der Ausdruck auf den Vorgang eines herumgehenden Trinkhorns oder Bechers zurück, der genau so viel enthalten soll, dass jeder in der Runde einmal und gleich viel davon trinken kann – die ganze Mannschaft, vermutlich am Lagerfeuer sitzend, deswegen *laget om* (sinngemäß zu übersetzen als *einmal für die ganze Mannschaft*), verkürzt zu *lagom*.

Der Begriff bietet eine wertvolle Orientierung für die Balance von Nähe und Distanz. Das Verhältnis sollte ausgewogen sein, sodass jeder genug von dem bekommt, das er benötigt.

1. Die gute Distanz

1.1 Nähe und Distanz – Ihre Bestandsaufnahme

Distanz aus der Nähe betrachtet

Ich möchte Ihnen zu Beginn dieses Buchs eine einfache Übung zur Orientierung vorschlagen. Sie hilft Ihnen dabei, ohne Worte eine Bestandsaufnahme des Nähe-Erlebens in Ihrer Beziehung vorzunehmen. So bekommen Sie ein besseres Gespür dafür, welche Aspekte für Sie besonders relevant sein könnten.

Nutzen Sie die Vorlage auf Seite 18. Zeichnen Sie darin zwei Kreise. Ein Kreis symbolisiert den Partner, der andere Sie selbst. Bringen Sie durch den Abstand zwischen diesen Kreisen zum Ausdruck, wie nah oder fern Sie sich im Moment Ihrem Partner fühlen. Dann zeichnen Sie in das nächste Feld, wie Sie es gern hätten.

Wenn Sie Kinder haben, platzieren Sie diese ebenfalls in das Feld und verdeutlichen Sie, wie nah oder fern Sie Ihre Kinder zu sich selbst und Ihrem Partner erleben. Im nächsten Feld gestalten Sie dann Ihre Wunschvorstellung.

Bevor Sie loslegen, werfen wir einen Blick auf die Zeichnungen von Evelyn, Christiane und Johannes (Abb. 1.1–1.6).

Ein Kreis für dich und ein Kreis für mich

So nah / distanziert empfinde ich uns im Moment

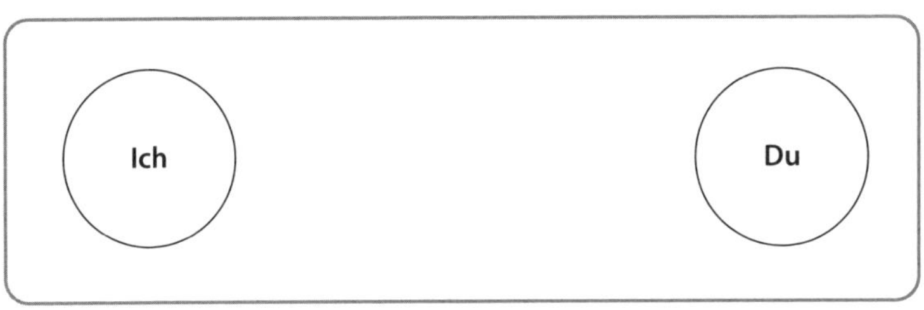

Abbildung 1.1: Evelyn: *Jeder ist im Moment für sich. Wir sind zwei eigenständige Persönlichkeiten, das gefällt mir. Da ist viel Raum zwischen uns. Das ist einerseits ganz angenehm, weil ich viel Freiraum habe, andererseits fehlen mir Nähe und warmer Kontakt.*

So wünsche ich es mir

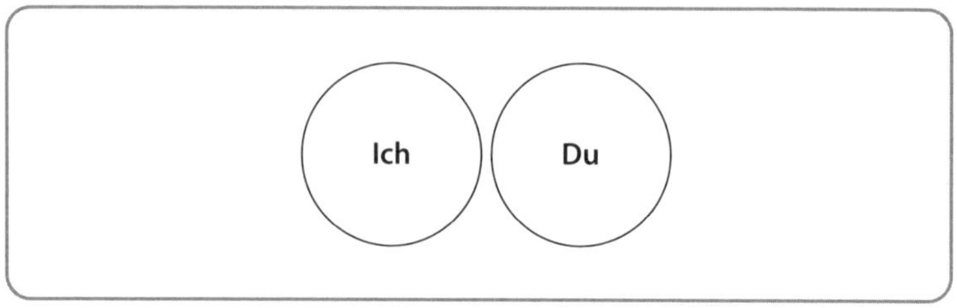

Abbildung 1.2: Evelyn: *Ich wünsche mir, dass wir uns näher kommen. Wir müssen nicht unbedingt verschmelzen, denn Abgrenzung ist mir wichtig. Deswegen überschneiden sich die Kreise nicht.*

So ist es mit den Kindern und uns

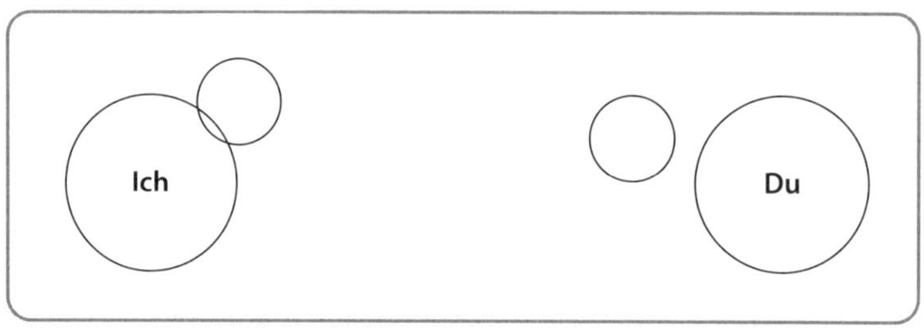

Abbildung 1.3: Christiane: *Meine Tochter ist nah bei mir. Unser Sohn sucht eher die Nähe seines Vaters, wobei da durchaus etwas Distanziertheit zu spüren ist. Manchmal denke ich, wir könnten als Paar mehr Zeit für uns haben und uns näherstehen.*

So wünsche ich es mir mit uns und den Kindern

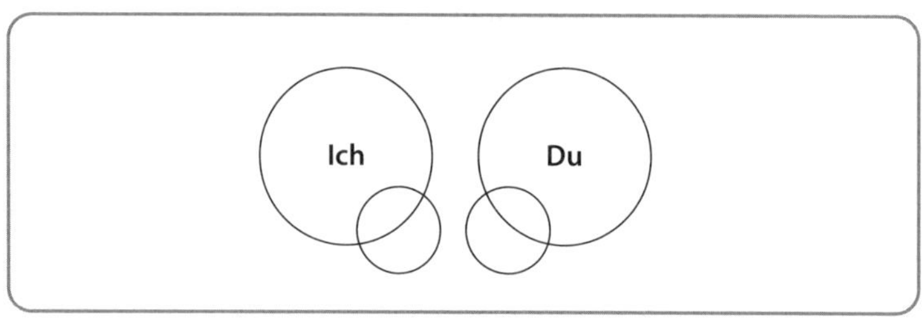

Abbildung 1.4: Christiane: *In meiner Wunschvorstellung rücken mein Mann und ich näher zusammen. Obwohl ich es in der Zeichnung nicht gut ausdrücken konnte, stelle ich mir vor, dass auch er mehr Kontakt zu unserer Tochter aufbaut und mein Sohn mir etwas näher kommt.*

Ganz praktisch gedacht fände ich es schön, wenn mein Mann und ich Hand in Hand spazieren gehen, das haben wir in der letzten Zeit kaum noch gemacht. Die Kinder könnten abwechselnd mal an meiner und an seiner Hand gehen.

So nah/distanziert empfinde ich uns im Moment

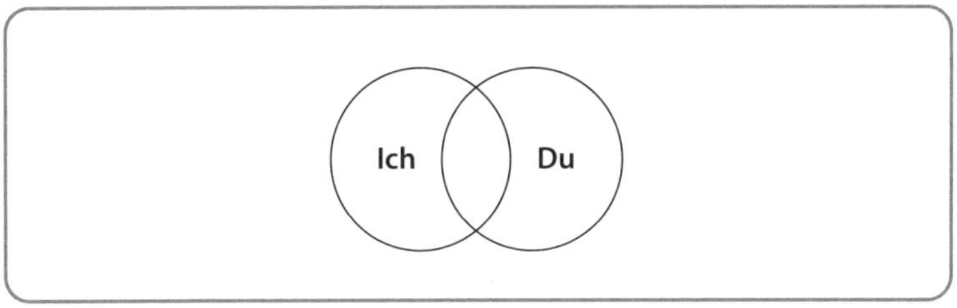

Abbildung 1.5: Johannes: *Mir ist es zu nah geworden. Wir machen im Moment viel zu viel zusammen. Manchmal bin ich deswegen gereizt und breche einen Streit vom Zaun. Natürlich ist die Nähe vertraut und schön, aber sie kann bei mir Stress erzeugen.*

So wünsche ich es mir

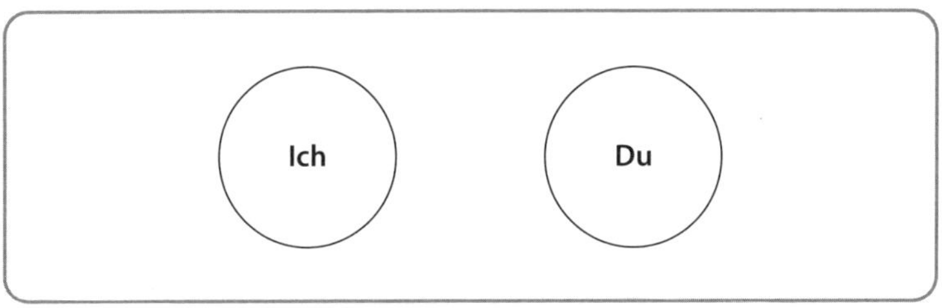

Abbildung 1.6: Johannes: *Ich wünsche mir mehr Freiraum. Ich brauche Abstand und Luft zum Atmen. Ich möchte mehr Zeit mit Freunden oder mit mir allein verbringen. Ich denke, dann bin ich ausgeglichener und kann mich über die Nähe wieder freuen.*

Bestandsaufnahme Nähe und Distanz

Jetzt sind Sie an der Reihe: Am besten ist es, wenn Sie gar nicht lange nachdenken, sondern spontan Ihre Kreise in die Felder einzeichnen. Nutzen Sie dazu einen Bleistift. Sie können dann gegebenenfalls einen Radiergummi benutzen und Korrekturen vornehmen, falls Ihnen der erste Entwurf noch nicht stimmig erscheint.

So nah / distanziert empfinde ich uns im Moment

So wünsche ich es mir

So ist es mit den Kindern und uns

So wünsche ich es mir mit den Kindern und uns

Um sich und dem Partner nah sein zu können, ist es ratsam, zu sich selbst ehrlich zu sein. Diese radikale Akzeptanz der eigenen Gefühle, und seien sie noch so unangenehm, wirkt befreiend. Indem man anerkennt, was man wirklich fühlt und braucht, bildet sich eine innere Grundlage für das Gespräch mit dem Partner.

Wo die Angst ist, geht's lang!

Von Adelbert von Chamisso stammt das folgende Bonmot: *Liebe ist kein Solo. Liebe ist ein Duett.* Nähe-Distanz-Probleme lösen sich selten von alleine auf. Es bedarf der Kommunikation und Anteilnahme beider Partner. Und einer kleinen Portion Mut, sich seinen Wünschen und Befürchtungen zu stellen und diese in den Kontakt zum Partner einzubringen:

1. Distanz entsteht durch zurückgehaltene Gefühle, Bedürfnisse und Wünsche. Der Partner spürt das und ist irritiert, verunsichert oder genervt.
   Hat sich *zu viel Distanz* eingeschlichen, lautet die Devise: Nicht angreifen, schreien oder sich zurückziehen, sondern hingehen und aussprechen, was einen stört und was man sich wünscht. Bedenken Sie:
   Man muss schon ziemlich lange mit offenem Mund dastehen, bis einem eine gebratene Taube in den Mund fliegt!
2. Distanz entsteht dadurch, dass man Überforderung, emotionalen Nähe-Stress und Rückzugswünsche nicht ernst nimmt. Der Partner ist verletzt und verunsichert.
   Gibt es *zu viel Nähe,* lautet die Devise: Nicht weglaufen, angreifen oder sich wortlos zurückziehen, sondern bleiben und Befürchtungen und eigene Distanzbedürfnisse aussprechen.
   Bilder sagen manchmal mehr als tausend Worte. Die Zeichnungen Ihrer Bestandsaufnahme können Sie nutzen, um zu verdeutlichen, was Sie erleben und empfinden. Bedenken Sie, dass sich Ihre Vorlieben im Laufe des Lebens oder Ihrer Beziehung durchaus ändern können.

Reflexion

1. Kann ich einen bedeutsamen Unterschied zwischen meiner Wunschvorstellung und der Realität erkennen?
2. Ist meine Beziehung (noch) spannend und lebendig oder ist Langeweile und (zu viel) Routine eingekehrt?
3. Welche Rolle spielen die Kinder?
4. Gibt es ausreichend Verbundenheit und Wir-Gefühl oder zu wenig?
5. Was kann ich tun oder lassen, um meinen Wünschen näher zu kommen? Jeder Millimeter zählt!

> *Wenn wir gut für unsere Beziehung sorgen, sorgen wir gut für unsere (inneren) Kinder.*

1.2 Warum Distanz für eine gute Beziehung wichtig ist

Lagom – nicht zu wenig, nicht zu viel, genau richtig!

Sich innerhalb einer Beziehung distanzieren zu können ist eine wichtige Fähigkeit. Eingebettet in einen guten Kontakt kann Distanz eine positive Spannung aufbauen und die Individualität der Partner stützen und schützen. Sie hat eine wichtige Funktion für den Erhalt einer Beziehung, weil sie ungünstigen Abhängigkeiten vorbeugt und die Eigenständigkeit der Partner sichert. Gute Grenzen sind eine Voraussetzung für befriedigend erlebte Nähe. Im Alltag einer Beziehung werden ihre zahlreichen Facetten sichtbar. Das Thema „Distanz" wird Ihnen bei allen Paaren, die ich vorstelle, auf die ein oder andere Weise begegnen. Werfen wir zuerst einen grundsätzlichen Blick auf ihre Bedeutung.

Für die menschliche Entwicklung hin zu einem eigenständigen Wesen bedarf es der Distanzierung von den Menschen, die uns in der Kindheit Aufmerksamkeit, Liebe und Fürsorge entgegengebracht haben. Dies können Mutter, Vater und andere wichtige Bezugspersonen sein. In der Abgrenzung zu ihnen entwickeln wir unsere Persönlichkeit und werden zu einem Individuum. Das Wort *individuum* kommt aus dem Lateinischen und bedeutet „Unteilbares, Einzelding". Wir sind keine Klone unserer Eltern, sondern eigenständige Wesen, ein Ganzes. Es gibt durchaus Gemeinsamkeiten, aber wir unterscheiden uns von ihnen und sind einzigartig.

Der Duden klärt über die Herkunft des Wortes Distanz auf. Es kommt aus dem lateinischen *distare* und bedeutet „auseinanderstehen, entfernt sein". Es ist die Distanzierung, die uns zu dem werden lässt, der wir sind. Wir grenzen uns ab und sagen Nein! Wir entwickeln eigene Standpunkte. In der Trotzphase der Kindheit und genauso heftig in der Pubertät. Man könnte diese Abgrenzung ein *Identitäts-Nein* nennen. Indem wir Nein sagen, sagen wir Ja zu uns selbst. Dieses „Nein, ich will nicht, ich bin anders!“ formt unsere Individualität und lässt uns besonders sein.

Betrachten wir näher, was die Distanz in einer Beziehung so wertvoll macht. Hören wir, was Paare dazu sagen und warum für sie Distanz in einer Beziehung von Bedeutung ist.

Autonomie und Selbstbestimmung entwickeln

Wir verfügen über die Fähigkeit, uns zu distanzieren, und benötigen sie, um zu uns selbst zu finden. Sie führt heraus aus der großen Abhängigkeit der Kindheit und fördert den Aufbau von Autonomie und Selbstwerdung. In diesem Prozess werden eigene Talente ausgebaut, Fähigkeiten erworben und angewendet. Wer diese Entwicklung nicht durchläuft, bekommt zu hören, er hänge wohl noch am Rockzipfel der Mutter. Dafür kann es gute Gründe geben, doch erst wer diesen loslässt, eignet sich die Welt an und lernt, die Beziehung zu sich selbst zu vertiefen.

SARA: *Ich will nicht nur Zeit mit Tim verbringen. Er ist mir wichtig, aber ich brauche ein Leben außerhalb unserer Beziehung.*

TIM: *Ich bin da wohl etwas anhänglicher. Ich bin gerne mit dir zusammen.*

SARA: *Das weiß ich, aber mir ist das zu viel. Ich will mich nicht nur über die Beziehung definieren.*

TIM: *Das will ich auch nicht, schließlich hat jeder von uns ein Eigenleben. Aber ich finde es zu abrupt, wie du die Übergänge herstellst. Das müsste doch sanfter gehen.*

SARA: *Ja, da ist was dran. Ich krieg's zu spät mit, wenn es mir zu nah geworden ist und ich Distanz brauche.*

TIM: *Es wäre schön, wenn du es mir rechtzeitig sagst, dann kann ich mich darauf einstellen.*

Die emotionale Entwicklung eines Kindes erfordert die Loslösung von wichtigen Bindungspersonen und bringt die Notwendigkeit, sich zu distanzieren, mit sich. Und genauso, wie dies bei der Nähe gilt, bedarf es dazu einer Bezugsperson. Wir reifen, indem wir uns von jemandem abgrenzen. So finden wir uns selbst. Im besten Fall nicht als Entweder-oder, sondern als Sowohl-als-auch. Im Idealfall klingt es dann so:

- Ich bin mit *dir* zusammen *und mit mir.*
- Ich kann *dir* nah sein *und mir* nah sein.
- Ich kann mich *von dir* distanzieren *und mit dir* verbunden bleiben.
- Ich kann *dir* nah sein *und mit mir* verbunden bleiben.

Reflexion

1. Wie viel Eigenständigkeit lebe ich innerhalb unserer Beziehung?
2. Wie viel Eigenständigkeit lebe ich außerhalb unserer Beziehung?
3. Bin ich damit zufrieden?

Eine gute Eigenständigkeit ermöglicht mir, mich tiefer auf eine Beziehung einzulassen.

Im Rückzug zu sich selbst finden

Die Zeit, die man nicht mit seinem Partner verbringt, ist eine kostbare Zeit. Man wird nicht über das „Wir" der Beziehung definiert, sondern ist auf sich allein gestellt. Dadurch kann man selbstbestimmt über seine Zeit verfügen und den eigenen Interessen nachgehen.

Marc: *Wenn ich mit Marie zusammen war und dann wieder alleine bin, dauert es eine Weile, bis ich bei mir angekommen bin. Dann merke ich, worauf ich sonst noch Lust habe.*

Marie: *Ich kenne das auch. Ich brauche Zeit, um unser Zusammensein zu verdauen. Ich denke über unsere Gespräche nach und muss meine Gefühle sortieren. Es kommt vor, dass ich Sachen entdecke, die ich richtig gut fand, aber auch Dinge, die mich gestört haben. Aber damit geht es mir gut, weil ich spüre, was mir wichtig ist.*

Die Distanz hilft dabei zu erkennen, was nicht den eigenen Überzeugungen entspricht. In ihr lässt sich das Anderssein erfassen. Die Unterschiede zum Partner können deutlicher hervortreten. Dadurch wird eine Beziehung bereichert. Nutzt man die Zeit mit sich allein zur Selbsterforschung, entsteht Klarheit. Da man nicht befürchten muss, gestört zu werden, kann man seinen Gedanken ungehindert nachgehen. Es ist möglich, in Ruhe Tagebuch zu schreiben oder mit Freunden über das Erlebte zu sprechen. So wird man souveräner im Umgang mit den eigenen Bedürfnissen.

Reflexion

1. Welche Seiten von mir kann ich am besten außerhalb meiner Beziehung leben?
2. Gibt es Verhaltensweisen oder Eigenschaften meines Partners, die mir fremd sind?
3. Gibt es etwas, das mir wichtig ist und das ich in oder für die Beziehung aufgegeben habe?

Die Unterschiede bereichern unsere Beziehung und machen sie lebendig.

Sich selbst und die Beziehung klarer sehen

Jede Beziehung ist es wert, über sie nachzudenken. Dazu benötigt man einen distanzierten Blick auf sich selbst, den Partner und das, was zwischen den Partnern geschieht. Es ist, als würde man auf einen kleinen Berg steigen und von oben auf die Beziehung blicken. „Nur aus der Ferne sieht man klar“ heißt die Devise. Dies gilt besonders dann, wenn sich ein Paar verstrickt hat, Missverständnisse auftauchen oder die emotionale Dynamik aus dem Ruder läuft. Dann benötigt man den distanzierten Blick aus der Metaebene und die Fragen: „Was passiert hier eigentlich grade?“, „Wie konnte es dazu kommen?“, „Wer hat welchen Anteil?“

HOLGER: *Wenn die Post zwischen uns abgeht, verliere ich oft den roten Faden. Dann weiß ich gar nicht mehr, worum es eigentlich geht.*

JENS: *Auf jeden Fall macht es keinen Sinn, das Gespräch weiterzuführen. Ich stehe dann neben mir und frage mich, was da eigentlich falschläuft.*

HOLGER: *In so einer Situation kriegen wir das nicht gelöst. Wir müssen erst mal auseinander und uns aus dem Weg gehen.*

JENS: *Ich finde das nicht immer gut, aber es geht nicht anders. Mit Abstand betrachtet wird mir klar, dass wir aneinander vorbeigeredet haben. Anscheinend wollte jeder nur seine Position durchsetzen, ohne zu verstehen, worum es dem andern geht.*

HOLGER: *Der Rückzug ist wichtig. Aus der Vogelperspektive betrachtet kommt es mir so vor, als würden zwei frustrierte Kinder darum kämpfen, wer mehr Aufmerksamkeit bekommt.*

JENS: *Das ist wahr, aber auch hart. Ich wollte es nie wahrhaben, aber da treffen wohl zwei verletzte Seelen aufeinander, die schon als Kind kaum gesehen wurden.*

Für jede Beziehung ist es wichtig, den Rahmen zu erweitern und genauer hinzuschauen, was eigentlich los ist. Entdeckt ein Paar, wie in diesem Beispiel Holger und

Jens, dass alte Verletzungen in den Konflikt der Erwachsenen hineinspielen, kann man sich und den Partner mit anderen Augen betrachten.

HOLGER: *Ich glaube, wir haben alle ein kleines Kind in uns. Wenn ich mir den kleinen Jens vorstelle, berührt mich das. Ich kann dann etwas gnädiger in unseren Konflikten sein.*

JENS: *Das vernachlässigte Kind in Holger zu sehen fällt mir nicht leicht. Aber es ist gut, darum zu wissen. Erst seitdem ich mich und den Hintergrund meiner emotionalen Reaktionen verstehe, kann ich Holgers Gefühle besser einordnen. Wir sehen jetzt klarer, wie oft sich da Gefühle von früher in unsere Beziehung einmischen.*

Reflexion

1. Was fällt mir auf, wenn ich wie ein Außerirdischer vom Mars mit einem Teleskop auf unsere Beziehung schaue?
2. Worüber würde ich mich wundern?
3. Was würde mir gefallen?

Mit Abstand auf unsere Beziehung zu blicken hilft dabei, mich und meinen Partner besser zu verstehen.

Zur Ruhe kommen

Nähe kann sehr intensiv werden und wie unter einem Brennglas Konflikte deutlicher hervortreten lassen. Das ist emotional belastend, wenn es noch keine konstruktive Gesprächskultur gibt, in der jeder in Ruhe über seine Gefühle sprechen kann. Muss man noch befürchten, dass der andere dies als unangemessen oder Angriff empfindet, findet keine Weiterentwicklung statt. Es ist dann auch nicht ratsam, sich zu öffnen. Die Gefahr, nicht verstanden oder verletzt zu werden, ist zu groß. Sich zu distanzieren und zu verschließen, und dadurch zu schützen, ist zunächst der bessere Weg.

Distanzzeit
gibt Raum für die emotionale Verarbeitung.

Dann ist der strategische Rückzug in die Distanz wertvoll, weil er eine Auszeit vom Beziehungsstress ermöglicht. In dieser Zeit beginnt das emotionale System, sich selbst zu regulieren. Man kommt zur Ruhe und denkt im Wortsinne „nach“ über das, was „vorher“ geschehen ist. Distanzzeit ist Zeit für die Selbstregulierung und „emotionale Verarbeitung“.

Piet: *Ich bin ein typischer Nachbrenner. Bei mir fällt der Groschen langsam. Ich flüchte mich in Arbeit, zum Glück klappt das gut. Erst wenn ich abends allein im Bett liege, fängt es in mir an zu arbeiten.*

Nora: *Piet tickt da etwas anders als ich. Ich muss mich ablenken, eine Serie gucken oder einfach rumzappen, um zur Ruhe zu kommen. Konzentrieren kann ich mich erst danach wieder.*

Piet: *Mir tut die Distanz gut, einfach deswegen, weil kein neuer Beziehungsinput kommt. Der Arbeitsspeicher ist zu voll. Ich kann nichts mehr von dem aufnehmen, was Nora mir sagen will.*

Nora: *Ich merke das natürlich. Aber ich brauche den Abstand, um zur Ruhe zu kommen, weil mich Streit so aufwühlt. Ablenkung entspannt mich. Ich kann für eine Weile gut für mich allein sein. Wenn ich in Ruhe gelassen werde, fange ich an, mich zu entspannen.*

Reflexion

1. Was hilft mir, bei Beziehungsstress zur Ruhe zu kommen?
2. Was hilft mir, das Erlebte zu verarbeiten?
3. In welchen Momenten wird es mir zu intensiv oder zu nah?

Indem ich mich bewusst zurückziehe, kann ich zur Ruhe kommen, „verdauen“ und nachdenken.

Freiheit genießen und emotionalen Abstand gewinnen

Distanz schafft einen Freiraum. In diesem ist man sich selbst überlassen und kann tun und lassen, was man will. Man gewinnt emotionalen Abstand zur Resonanz des Partners und kann seinen Impulsen folgen, ohne Absprachen mit dem Partner treffen zu müssen. Es gibt nichts zu verhandeln. Keinen Streit darüber, welchen Film man im Kino sehen möchte. Die Fernbedienung für den Bildschirm gehört nur einem selbst. Es läuft ausschließlich die Musik, die einem gefällt. Kompromisse müssen nicht mühsam errungen werden. Das ist die Freiheit *von* etwas. Die Freiheit von der Notwendigkeit, sich mit dem Partner abzustimmen. Völlig losgelöst hat man die

Freiheit *zu* etwas, nämlich genau das zu tun, wonach einem ist. Man ist Königin und König im eigenen Reich.

MIRKO: *Ich genieße meine Freiheit in Zeiten des Alleinseins. Es wird nicht kommentiert, was ich tue oder lasse. Wenn ich in der Nase bohren möchte, tue ich das einfach. In Sophies Gegenwart würde ich mich das nicht trauen.*

SOPHIE: *Das ist auch besser so. Ich finde das nämlich ekelig.*

MIRKO: *Ich weiß! Deswegen ist es ja so schön, mich mal nicht kontrollieren zu müssen. Ich kann mich gehen lassen, ohne Beziehungsstress zu bekommen. Emotional bin ich dann tiefenentspannt.*

SOPHIE: *In einer Beziehung gelten eben andere Regeln. Aber wenn wir uns ein paar Tage nicht sehen, fühle ich mich in meiner Wohnung auch freier. Dann gönne ich mir einen Schlampen-Tag und schminke mich nicht oder laufe im Schlafanzug herum. Oder lasse das Geschirr länger auf dem Küchentisch stehen.*

MIRKO: *Das ist etwas, das ich nicht leiden kann. Gut, dass ich das dann nicht mitkriege.*

Distanz bietet anscheinend die Gelegenheit, lieb gewonnene Gewohnheiten oder Unarten zu pflegen, die man in der Beziehung dem Partner zuliebe aufgegeben hat. Ein nicht zu unterschätzender Freiheitsgewinn (Abb. 1.7). Hat man ihn ausgekostet, fällt es leichter, sich wieder in die gemeinsame Beziehungskultur einzufinden und Rücksicht auf die Befindlichkeiten des anderen zu nehmen.

Reflexion

1. Worauf habe ich wirklich Lust, wenn ich allein bin?
2. Kann ich mir diese Freiheit nehmen?
3. Was entlastet mich in der Freiheit der Distanz am meisten?

In meiner Beziehungsfreizeit kann ich mich selbst genießen.

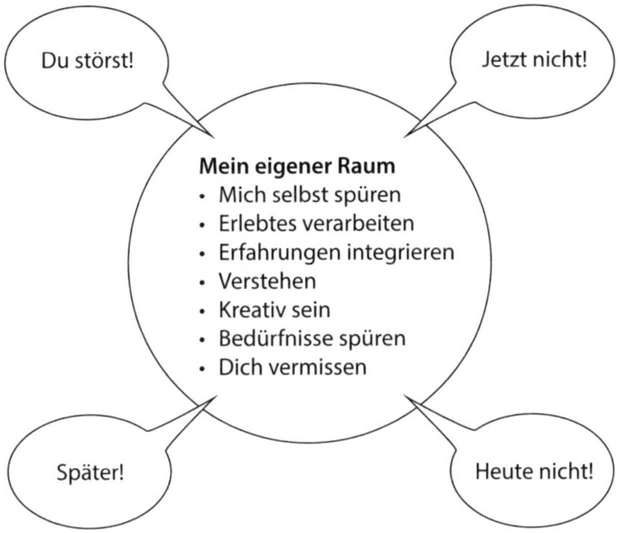

Abbildung 1.7: Den eigenen Raum vertreten und schützen

1.3 Distanz als Selbstvergewisserung

So bin ich ohne dich!

Grenzen zu setzen, Nein zu sagen und Abstand zu nehmen eröffnet neue Spielräume. In der Distanz ergibt sich die Möglichkeit, zu sich selbst zu finden und wieder zu spüren, wer man *eigentlich* ist. In den vertrauten Rollen innerhalb einer Beziehung und der eigenen Familie kennt man sich und hat man einen festen Platz. Doch wer ist man unabhängig davon? Diese Frage mag unwichtig und banal erscheinen, doch für Partner, die sich selbst aus den Augen verloren haben, ist sie es nicht.

Ich bin müde vom Wir. Ich weiß gar nicht mehr, wer ich eigentlich alleine bin.

Petra bringt zum Ausdruck, was viele Paare kennen, die viel Zeit miteinander verbringen. Petra und Ilka sind seit 20 Jahren zusammen. Vor zehn Jahren haben sie geheiratet.

Tun, wonach mir ist!

PETRA: *Wir kreisen nur noch um uns als Paar. Ich weiß, wie Ilka tickt, und sie kennt mich in- und auswendig. Ich habe das Gefühl dafür verloren, was mich außerhalb der Beziehung eigentlich ausmacht. Wir haben uns gefunden und freuen uns darüber, hocken aber sehr viel zusammen.*
Wir haben viele Auseinandersetzungen hinter uns und es geschafft, für unsere unterschiedlichen Bedürfnisse Kompromisse zu finden. Ich erwische mich zunehmend bei dem Gedanken, nur noch zu tun, wonach mir ist. Ganz rücksichtslos und eigensinnig.

MICHAEL hat mit seiner Frau eine Familie gegründet, die Kinder sind noch klein. Er sagt: *Ich bin nur noch in der Rolle als Familienvater und kümmere mich um das Wohl der Kinder und meiner Frau. Okay, das macht meine Frau auch. Aber wir verbringen viel zu viel Zeit miteinander, es gibt nur noch die Familie. Wir spielen, was die Kinder spielen möchten, orientieren uns, das ist selbstverständlich, an deren Bedürfnissen. Wir funktionieren und machen den Eltern-Job gut. Manchmal frage ich mich allerdings, wer ich eigentlich außerhalb dieser Rollen bin. Wo kommen meine Bedürfnisse vor?*

Die beiden sind nicht unglücklich in ihren Beziehungen, aber ihnen fehlt etwas, das augenscheinlich zu ihrer Identität gehört. Das Gespür für die eigene Persönlichkeit, ihre Eigenständigkeit, die Essenz ihres Wesens. Es scheint ihnen in der Routine des Beziehungsalltags abhandengekommen zu sein. Sie wissen, wie und wer sie in Bezug auf den Partner sind. Gleichzeitig bringen sie den Wunsch zum Ausdruck, sich selbst mehr Aufmerksamkeit zu widmen. So, als wollten sie sich vergewissern, wer sie sind und was sie jenseits des Familien- und Beziehungslebens ausmacht.

Es wird deutlich, dass dies ohne Distanzierung und zeitweises Allein- oder Mit-anderen-Sein nicht möglich ist. Welche Wege haben die beiden gefunden und welche Erfahrungen haben sie gemacht?

Es gibt mich – auch ohne sie!

PETRA: *Ich habe dann beschlossen, alleine nach Südamerika zu reisen. Dort war ich als Studentin mehrmals mit dem Rucksack unterwegs. Ilka war nicht begeistert, dann aber einverstanden. Ich hatte kurz vorher Muffensausen, doch dann hat sich die Reise verselbstständigt. Ich wusste wieder, wie es geht, mich im Ausland zurechtzufinden und mich selbst zu versorgen. Mein Selbstbewusstsein war wieder da und mein Interesse an der Kultur dieser Länder.*

Ich habe viel gelesen und interessante Menschen kennengelernt. Mein Spanisch wurde von Tag zu Tag besser. Ich habe gemerkt, wie wissbegierig ich bin und wie gerne ich andere Lebenswelten und Sichtweisen kennenlerne. Mein Studenten-Ich ist wieder auferstanden. Ich war neugierig und habe die Eindrücke aufgesogen wie ein Schwamm.

Natürlich habe ich bemerkt, dass ich älter geworden bin, aber das ist nun mal so. Trotzdem war es wie ein Bad im Jungbrunnen. Wir hatten verabredet, dass ich mich nur melde, wenn mir danach ist. Es war schön, zu wissen, dass es Ilka gibt. Und es war genauso schön, festzustellen, dass es mich noch gibt – unabhängig von ihr!

Petra hat ihre Ressourcen wiederentdeckt und ungeahnte Kräfte mobilisiert. Sie hat Selbstbewusstsein getankt und ihre Autonomie belebt:

Ich bin bereichert zurückgekehrt, angefüllt von mir selbst und den Erfahrungen auf der Reise. Jetzt weiß ich wieder: Ich bin eine mutige, kontaktfreudige und selbstbewusste Frau!

Teatime in der Me-Time

MICHAEL: *Ich wollte nur noch meine Ruhe und Abstand haben. Für meine Frau war mein Wunsch nach mehr Me-Time verwirrend, zumal sie auch gerne mehr Zeit für sich gehabt hätte. Wir haben dann einen Weg für uns beide gefunden. Jeder darf einmal im Jahr eine ganze Woche allein wegfahren. Logistisch ist das eine Herausforderung, aber es geht.*

Ich bin an die See gefahren und habe mich in eine Ferienwohnung eingemietet. Eigentlich hatte ich mir vorgenommen, meinen Bewegungsdrang zu stillen und viel Sport zu treiben. Letztlich habe ich das viel weniger umgesetzt, als gedacht. An einem Tag war ich einfach nur müde und habe aufgehört, mich anzutreiben. Ich bin einfach im Bett geblieben, habe gedöst, etwas gelesen und wieder gedöst. Keiner wollte was von mir, herrlich. Ich habe allmählich meinen Eigenrhythmus entdeckt. Wenn mir danach war, habe ich mir selbst etwas gekocht oder bin Essen gegangen. Alles nach Lust und Laune.

Dann fiel mir ein, was ich als Jugendlicher gern gemacht habe, nämlich Musik zu hören und dazu Tee zu trinken. In einer Bäckerei habe ich mir ein Stück Kuchen geholt, und endlich mal nur die Musik zu hören, die mir gefällt, war wunderbar. Zuhause werden gern die aktuellen Hits gehört oder Kinderlieder für die Kids. Ich liebe eigentlich Klassik und Jazz. Genau diese Musik habe ich mir angehört, so laut oder leise, wie ich es wollte. Und keiner hat gemeckert oder war genervt. Paradiesisch. Dazu habe ich Musikjournale gelesen und meine Leidenschaft für diese Musik wiederentdeckt. Ich wusste gar nicht mehr, was ich darüber alles wusste und wiedergefunden habe.

Michael wurde von sich selbst überrascht. Zunächst wollte er vieles nachholen und stand unter Druck. Dann schaffte er es, loszulassen, sich zu entschleunigen und treiben zu lassen. Er entdeckte seinen eigenen Rhythmus:

Michael: *Ich habe das Prinzip Langsamkeit entdeckt. Es ist das Gegenteil vom Funktionieren-Müssen und Tempo im Alltag. Ich hatte den Kopf frei und konnte den Moment genießen. Zur Musik konnte ich Bilder kommen lassen und meiner Fantasie freien Lauf lassen. Ich habe den Genießer und den Träumer in mir wiedergefunden.*

Reflexion

1. Wovon träume ich? Welche Seiten von mir würde ich gern wiederbeleben?
2. Was würde mir dabei helfen?
3. Von wem oder was müsste ich mich für eine Weile distanzieren, um wieder zu mir zu finden?

> *Jeder bekommt seine Me-Time. Wir sorgen dafür, dass sie gerecht verteilt ist.*

1.4 Distanz als erotische Option

Wenn wir uns lange nicht gesehen haben, springen wir gleich in die Kiste

Distanz weckt die Sehnsucht nach Nähe und körperlicher Verschmelzung. Sieht man einander für eine Weile nicht, erlebt man den süßlichen Schmerz einer vorübergehenden Trennung. Es wird möglich, den anderen zu vermissen und zu spüren, was er einem bedeutet. Erotische Fantasien erzeugen emotionale Nähe, gerade weil man sich für eine Weile körperlich nicht nah sein kann.

Tim: *Ich war im letzten Jahr zwei Wochen mit einem Freund im Urlaub und habe Hilda total vermisst.*

Hilda: *Ja, das war eine besondere Zeit. Besonders am Abend und nachts fing es an, in mir zu arbeiten. Das klingt komisch, aber ich habe deinen Körper vermisst.*

Tim: *Mir ging es ähnlich. Es war so, als wäre jede Zelle meines Körpers auf Lust gepolt. Ich habe es kaum ausgehalten und dann haben wir telefoniert.*

HILDA: *Am Anfang hatte ich Angst, die Telefonate würden es schlimmer machen. Ich dachte, dann entsteht zu viel Nähe und ich halte es nicht aus, Tim nicht berühren zu können.*

TIM: *Das war bei mir auch so. Aber es hatte seinen eigenen Reiz. Wir haben dann angefangen, unsere erotischen Fantasien auszutauschen.*

HILDA: *Das war speziell und antörnend. Eine so große erotische Spannung habe ich vorher noch nie erlebt. Es war kaum auszuhalten und gleichzeitig toll.*

TIM: *Das stimmt. Als wir uns wiedergesehen haben, waren wir beide am Anfang verunsichert, wie es weitergeht. Aber dann kamen die Freude und die Lust.*

HILDA: *Ich musste erst ankommen, um wieder Nähe und Körperlichkeit zulassen zu können, aber dann haben wir uns neu erobert. Ganz liebevoll und spielerisch.*

Wie schön du bist

Einander zu vermissen und Sehnsucht zu spüren ist nur in der Distanz möglich. Doch das erotische Potenzial kann sich auch ohne räumliche und zeitliche Trennung entfalten. Im Zusammensein ist Distanz für das Liebesleben besonders reizvoll. Sie ermöglicht es, Spannung aufzubauen und den Partner zu umwerben. Aus der Entfernung kann man ihn lustvoll betrachten. Jedes spielerische Nein vermag das Begehren zu steigern. Ein distanzierender Rückzug lädt den anderen dazu sein, ihn zu locken.

TOBIAS: *Ich finde, es hat was, nicht gleich zur Sache zu kommen. Früher war ich da anders.*

JULIA: *Zum Glück! Ich mag es, wenn wir uns anschauen und nicht gleich körperlich nah kommen. Dann sehe ich, wie schön du bist.*

TOBIAS: *Danke, dass du das sagst! Das Kompliment gebe ich zurück.*

JULIA: *Wir spielen manchmal damit, uns abzuwenden und den anderen zurückzuweisen, dann entstehen kleine Rollenspiele.*

TOBIAS: *Das kann auch mal albern werden, aber meistens zieht es mich magisch an, wenn Julia sich vollkommen anders gibt. Sie ist mir dann fremd und das macht mich neugierig. Wenn sie sich zugeknöpft gibt, muss ich improvisieren und mir was einfallen lassen, um sie rumzukriegen.*

JULIA: *Wenn du dich unnahbar gibst, bekomme ich Lust, dich mit den Augen auszuziehen. Oder ich suche nach Worten, die dich erweichen oder anmachen.*

TOBIAS: *Verkleidung spielt eine Rolle. Dann kann man sich anders entkleiden. Ich sage nur: You can leave your hat on!*

JULIA: *Oder den Schlips!*

Reflexion

1. Welche Erfahrungen habe ich mit Distanz und dem Spiel mit Grenzen gemacht?
2. Was hat mir oder meinem Partner besonders gefallen?
3. Hat mich etwas irritiert oder gestört?
4. Falls ja, woran lag das?
5. Was würde ich gern mal ausprobieren?

Im bewussten Spiel mit Distanz und Grenzen kann ich Lust und Freude entdecken.

2. | Die schwierige Distanz

2.1 Wie ein Spiegel: Die äußere Distanz bildet die innere ab

Warum Distanz Probleme bereiten kann

Distanz durch Zurückhaltung

Es sind nicht nur die Dinge, die man sagt und tut, die Schwierigkeiten bereiten, sondern auch Themen, Gefühle und Wünsche, die man zurückhält (Abb. 2.1). Man schweigt über ein Thema, das einen beschäftigt, möglicherweise sogar quält. Aus Angst traut man sich nicht, es einzubringen. Doch dieses Verhalten bindet Energie. So, wie es Kraft kostet, einen aufgeblasenen Wasserball permanent unter Wasser zu halten.

Das, was der innere Zensor nicht zum Gespräch freigibt, schafft Distanz zum Partner. Wie in einem Gefängnis hat man sich selbst eingesperrt. Es fehlt das Vertrauen in sich selbst und den Partner, mit diesem heißen Eisen umgehen zu können. Ängstliche und unsichere Menschen, die sich vor Ablehnung fürchten, tun sich schwer mit dem Offenlegen ihnen unangenehmer Themen, Fragen oder Wünsche (vgl. hierzu auch Bindungsstile, Abschnitt 6.2). In der Folge drohen Entfremdung und Einsamkeit. Wer seine Gedanken und Gefühle zu lange zurückhält, verliert den emotionalen Halt in der Beziehung. Der Austausch über das, was einen bewegt, ist schließlich ein wichtiges Fundament der Partnerschaft.

Wer seine Gedanken
und Gefühle lange zurückhält, verliert den Halt.

BERTOLD: *Wir ziehen uns immer mehr zurück. Selbst dann, wenn die Kinder nicht da sind und wir eigentlich miteinander sprechen könnten.*

EVELYN: *Leider stimmt das. Wir unterhalten uns nicht mehr, sondern gehen uns aus dem Weg. Wir haben keine Redekultur mehr.*

BERTOLD: *Eine Zeit lang haben wir nur unseren Frust rausgelassen, das war kein Miteinander. Jeder fühlte sich falsch verstanden. Beide sind auf der Strecke geblieben.*

EVELYN: *Das ist so. Wir halten die Situation nur noch aus, obwohl es viel zu besprechen gibt. Das Einzige, worüber wir reden können, sind die Kinder und ganz selten mal über berufliche Dinge. Aber auch da bin ich vorsichtig geworden.*

BERTOLD: *Streitigkeiten werden nicht geklärt. Wir schweigen, wohl in der Hoffnung, das erledigt sich von alleine oder wird vergessen. Manchmal denke ich, wir unterstellen uns gegenseitig schlechte Absichten.*

EVELYN: *Wir haben beide bereits eine Therapie gemacht, in der wir gelernt haben, uns ernst zu nehmen und unsere Bedürfnisse zu vertreten. Aber das nützt nichts, wenn es beim anderen nicht auf fruchtbaren Boden fällt, dann gibt es kein Wir mehr.*

BERTOLD: *Früher konnten wir uns öffnen, weil wir respektvoll miteinander umgegangen sind. Das ist auch eine Frage der Haltung.*

EVELYN: *Wir sollten langsam vorgehen. Ich glaube, ich kann mich erst wieder öffnen, wenn unsere Alltagsgespräche wieder normal und ohne Vorwürfe verlaufen. Mir würde es guttun, wieder Neugier von dir zu spüren, kleine Signale, dass du dich für mich interessierst.*

BERTOLD: *Das geht mir genauso. Wir sind zu empfindlich geworden und reagieren schnell gereizt oder mit Ärger, wenn kein Kontakt zwischen uns entsteht. Ich fühle mich dann hilflos und allein. Dann zweifle ich an der Beziehung, weil sie mir keinen Halt mehr bietet.*

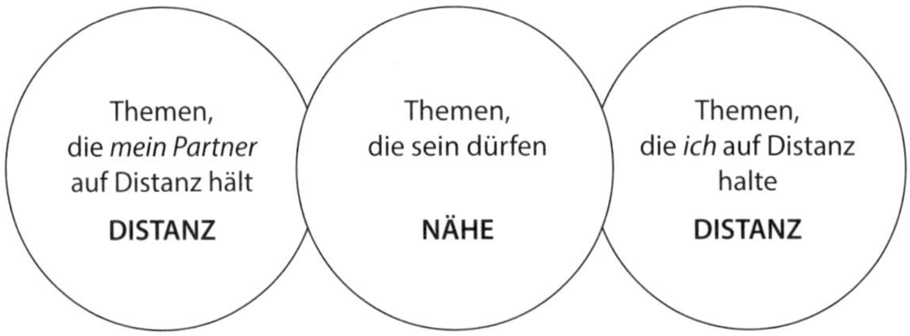

Abbildung 2.1: Auch Themen, Gefühle und Wünsche, die man zurückhält, schaffen Distanz

Evelyn und Bernd befinden sich im Rückzugsmodus. Sie fürchten sich vor einer erneuten Zurückweisung, Eskalation und Kränkung. Gleichzeitig sehnen sie sich danach, verstanden zu werden und einander nah zu sein. Sie haben es verlernt, einander wohlwollend zuzuhören und dem anderen Raum für dessen Gedanken und Gefühle zu geben.

Die kleine Schnittmenge, über die sie sprechen können, beinhaltet Themen rund um die Kinder. Über sie sind sie in ihrer Rolle als Eltern miteinander verbunden. Selten gelingt es, über die Arbeit zu reden. Gespräche über ihre Kränkungen, Sehnsüchte und Wünsche sind tabu. Alles, was sie weich und verletzlich machen würde, wird ausgeklammert. Die Sicherheit, akzeptiert und angenommen zu werden, ist erschüttert. Für die verletzlichen Seiten ihrer Persönlichkeit ist kein Raum. Vertrauen ist verloren gegangen.

Wie ein Spiegel

Wie man an Evelyn und Bertold sieht, bildet die äußere Distanz durch fehlende Körperlichkeit und Zuwendung die innere Distanz ab. Wie außen, so innen, könnte man sagen. Themen, die ausgeklammert und nicht angesprochen werden dürfen, lassen die Beziehung erkalten.

EVELYN: *Ich habe den Eindruck, dass du gar nicht wirklich anwesend bist, selbst wenn du da bist. Wo bist du?*

BERTOLD: *Ich bin mit mir beschäftigt und eigentlich unbeholfen, weil ich keinen Weg finde, mit dir zu sprechen.*

Das Gute würdigen

Um miteinander ins Gespräch zu kommen, vereinbaren Evelyn und Bertold auf meine Anregung hin, zunächst über positive Aspekte ihrer Beziehung zu sprechen. Auch wenn diese vorwiegend in der Vergangenheit liegen, macht dieses Vorgehen Sinn. So können sie üben, ihre verloren gegangene Redekultur wiederzubeleben. Außerdem führt es ihnen den Wert ihrer Beziehung vor Augen. Sie werfen einen Blick in ihre Beziehungsschatzkiste!

Darin befinden sich bei Evelyn und Bertold gute gemeinsame Urlaube, beschwingte Tanzabende und romantische, sinnliche Begegnungen. Und aktuell sogar ganz konkrete Erfahrungen, deren Würdigung vernachlässigt wurde:

EVELYN: *Du hast mir bei der Suche nach einem E-Bike sehr geholfen. Ich war mit den vielen Details überfordert. Du hast mir ganz selbstverständlich wichtige Informationen gegeben und warst sehr präsent. Es war angenehm, wie du mir Fragen gestellt und mich unterstützt hast, ohne mir etwas aufzudrängen oder genervt zu sein. Ich habe mich ernst genommen und sicher gefühlt. Es ist ein schönes Gefühl, dich an meiner Seite zu haben.*

BERTOLD: *Mir hat sehr gefallen, wie du mich bei der Planung deines Skiurlaubs mit deinen Freundinnen einbezogen hast. Ich durfte mit am Küchentisch sitzen und habe es sogar genossen, eure Überlegungen mitzubekommen. Du hast mich angesprochen und mir von der Urlaubsregion erzählt. Das tat mir gut und hat mir Vertrauen geschenkt. Ich fühlte mich beteiligt und wertgeschätzt.*

Dieser wohlwollende Rückblick und die Erfahrung, wieder miteinander reden zu können, ebnet den Weg für ein Gespräch über die kritischen Themen (Abb. 2.2).

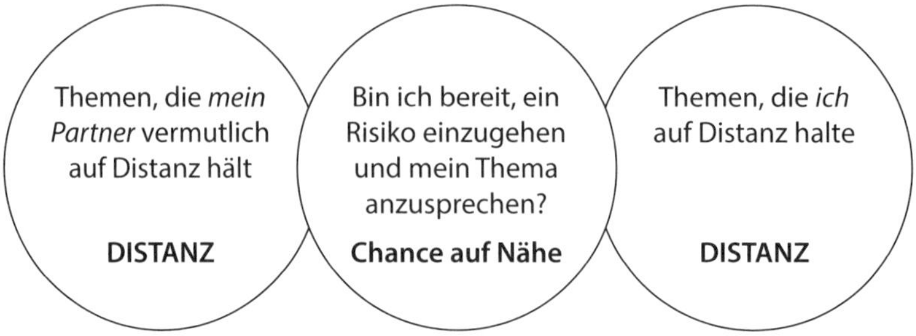

Abbildung 2.2: Ein Thema, das ich gerne besprechen möchte ...

Evelyn: *Ich habe mich lange nicht getraut, meinem Mann zu sagen, wie einsam ich mich in unseren Urlauben fühle. Er hat selten Lust zu dem, was ich mir vorstelle, und macht häufig sein eigenes Ding. Mir war zunächst selbst nicht klar, wie sehr mich das belastet und einsam macht. Außerdem hatte ich Angst, dass er dann gar nicht mehr mitkommt und gleich alleine in Urlaub fährt.*
Ich habe es dann angesprochen und bin zunächst auf Abwehr gestoßen. Doch mit einer zeitlichen Verzögerung hat es ihn erreicht. Er hat anscheinend darüber nachgedacht und war selbst erschrocken darüber, wie eigenbrötlerisch er sein kann.

Bertold: *Ich habe gespürt, wie ernst es Evelyn ist und wie sehr sie darunter leidet. Ihre Tränen haben mich berührt, aber auch verunsichert. Gleichzeitig hat es mir Mut gemacht, etwas von mir zu zeigen und mich zu outen.*
Ich hatte mich vor einigen Monaten heimlich mit einer anderen Frau verabredet und kam mir wie ein Betrüger vor, es Evelyn nicht zu sagen. Außer einem Kuss ist nichts passiert, aber es lag mir auf der Seele. Sie war zwar schockiert und wollte Näheres wissen, doch die Offenheit hat uns gutgetan und nähergebracht, auch wenn wir über schmerzhafte Dinge gesprochen haben.

Scham

Schambesetzt können auch Handicaps und Erkrankungen sein. So ist es bei einem anderen Paar, Bärbel und Gerd.

Bärbel: *Es war mir unangenehm, aber ich konnte Gerd lange Zeit nicht sagen, dass ich wegen Depressionen in Behandlung bin und Antidepressiva nehmen muss. Ich habe mich geschämt und so getan, als ob alles in Ordnung sei.*

Gerd: *Ich habe wohl gemerkt, dass irgendetwas nicht stimmt. Auf meine Nachfragen hast du meist unwirsch mit Abwehr reagiert. Vielleicht hätte ich das nicht so einfach hinnehmen sollen. Ich war unsicher und wollte dich nicht bedrängen.*

Bärbel: *Das war einerseits gut so, anderseits hätte ich mir schon gewünscht, dass du dranbleibst. Aber ich war eben auch unsicher, wie du das aufnehmen würdest.*

Gerd: *Da haben wir uns beide wohl in bester Absicht zu sehr geschont. Ich bin froh, dass du dich offenbart hast. Es berührt mich, dass du mir wohl doch vertraust. Ich hoffe, wir können damit jetzt besser umgehen.*

„Aufrichtigkeit ist eine Tugend,
die ihren Lohn schon im Namen trägt: Sie richtet auf."

Sir Peter Ustinov

Reflexion

1. Welche Themen kann ich problemlos ansprechen?
2. Worüber können wir gemeinsam gut reden?
3. Welche Themen habe ich bisher ausgeklammert und warum?
4. Welche Sorgen oder Befürchtungen verbinde ich mit diesen Themen?
5. Wie wirkt sich das Verschweigen auf mich und die Beziehung aus?
6. Überwiegen die Vor- oder die Nachteile?
7. Was könnte ich verlieren, wenn ich diese Themen einbringe?
8. Was könnte ich gewinnen?

Erst öffne ich mich mir selbst, dann wohlbedacht meinem Partner.

2.2 Distanz und Fernbeziehung als schwierige Herausforderung

Getrennt leben und doch zusammen sein

Fernbeziehungen stellen im Hinblick auf die Balance von Nähe und Distanz besondere Anforderungen an ein Paar, und zwar in mehrfacher Hinsicht. Es gilt zum einen, die Zeit des Getrenntseins gut zu gestalten, zum anderen die Zeit des Zusammenseins. Die Übergänge aus der Zweisamkeit ins Alleinsein und die Rückkehr in das gemeinsame Leben erfordern Aufmerksamkeit. Wertvolle Gedankenanstöße zu diesem wichtigen Prozess verdanke ich dem Theologen und Paartherapeuten Dr. Peter Wendl.

Das Abschiednehmen und Wiederankommen ist ein anspruchsvoller Balanceakt. Dieses Wechselspiel beinhaltet Herausforderungen und zugleich eine große Chance, bewusst mit sich und dem Partner umzugehen. Ein Paar kann daran reifen und wachsen, wenn es gelingt, offen über die eigenen Wünsche und Erwartungen zu sprechen und gemeinsame Rituale zu entwickeln, auf die man sich verlassen kann.

Sich verabschieden und getrennt leben

Insbesondere Trennungssituationen aktivieren Ängste. Deswegen bedarf das Abschiednehmen einer sorgfältigen Gestaltung. Sowohl große Anhänglichkeit und Nähe-Wünsche als auch Distanziertheit lassen sich als Reaktionen auf den vorweggenommenen Trennungsschmerz verstehen.

Es gibt charakteristische Muster, die sich wiederholen. Oft ist die letzte Phase des Zusammenseins eingetrübt, weil der verlassende Partner bereits mit der gedanklichen und emotionalen Vorbereitung der Abreise und Ankunft in seiner anderen Lebenswelt beschäftigt ist. Der zurückbleibende Partner ist geistig und emotional ebenfalls damit beschäftigt, den anderen aus seinem Lebensraum zu entlassen, und entsprechend angespannt.

Es ist wichtig, sich klarzumachen, dass diese Übergangskrisen vollkommen normal sind. Jeder befindet sich in der inneren Vorbereitung auf das Getrenntsein. Das Bindungssystem pendelt sich neu ein und versucht, sich entsprechend anzupassen.

Zur Beruhigung und Orientierung sollte man wissen: Werden in dieser Phase keine großen Gefühle und Liebesschwüre ausgetauscht, bedeutet dies nicht, dass es sie nicht gibt. Man befindet sich lediglich in einem hochsensiblen Übergangsmodus.

Das Potenzial dieser Schwellensituation liegt darin, die eigenen Ängste und Muster zu erkennen und bewusst mit ihnen umzugehen.

Reflexion

1. Neige ich dazu, den Abschied kurz und schmerzlos hinter mich zu bringen? Devise: *So, nun hau endlich ab. Und tschüss!*
2. Neige ich dazu, zu klammern? Devise: *Geh nicht! Bleib doch noch!*
3. Neige ich dazu, hin- und hergerissen zu sein? Devise: *Mach's gut – aber können wir nicht noch ein paar Minuten …?*
4. Neige ich dazu, hinterherzulaufen, immer wieder zu winken oder kurz nach der Trennung viele SMS-Botschaften zu schicken? Devise: *Du sollst merken, wie schwer es mir fällt, oder: Vergiss mich nicht, ich meine es ernst!*
5. Neige ich dazu, mich gleichgültig oder trotzig zu zeigen? Devise: *Mir doch egal!*
6. Neige ich dazu, doppelte Botschaften zu senden? Devise: *Es ist schön mit dir, aber auch schön, wenn du gehst.*
7. Neige ich dazu, mich und die Beziehung vor dem Abschied noch mal zu erwärmen oder zu intensivieren? Devise: *Ich werde noch mal richtig leidenschaftlich und zeige all meine Gefühle.*
8. Neige ich dazu, mich und die Beziehung vor dem Abschied emotional abzukühlen? Devise: *Dann tu's nicht so weh!*

Im Abschiednehmen kann ich mein Abschiedsmuster kennenlernen und üben, es beziehungsfreundlich zu verwalten.

Noch eine Schmuseeinheit einlegen

Es ist wichtig, die eigenen Muster und die des Partners zu kennen, um nicht automatisch gekränkt zu reagieren oder Kränkungen auszulösen. Mit größerer Bewusstheit kann man sich leichter darüber auszutauschen, was man braucht, um gut auseinandergehen zu können. Diese Erfahrung haben Annika und Patrick gemacht, die sich seit fünf Jahren kennen. Er lebt in Stuttgart, sie in Hamburg.

Annika: *Mir hilft es, möglichst früh zu wissen, wann genau Patrick abreist. Ich kann mich dann besser darauf einstellen und rechtzeitig dafür sorgen, dass wir noch eine Schmuseeinheit einlegen können.*

PATRICK: *Ja, das ist besser für uns beide. Ich bin sonst genervt, wenn auf den letzten Drücker noch ganz viel liebkost werden muss. Da werde ich dann stachelig und unleidlich, was bei Annika den Stress erhöht.*

ANNIKA: *Stimmt. Aber wir sind besser geworden. Wir sprechen jetzt früher darüber, was wir vorhaben, wenn jeder wieder für sich ist. Das hilft, zumindest eine gewisse Vorstellung davon zu bekommen, wie das Leben ohne den anderen aussieht.*

PATRICK: *Das hinterlässt dann nicht so ein Gefühlsvakuum. Es kann sonst schnell passieren, dass das Kopfkino losgeht und ich mir alles Mögliche vorstelle. Wir reden darüber, wie wir Kontakt halten wollen oder können. Wenn einer viel zu tun hat, passt es ja nicht immer.*

ANNIKA: *Zum Abschied umarmen wir uns und sagen, dass wir uns mögen. Das ist ein kleines Ritual, auf das ich nicht verzichten möchte, selbst wenn es vorher nicht immer hundertprozentig harmonisch gewesen ist.*

PATRICK: *Derjenige, der abgereist ist, ruft meistens an, wenn er angekommen ist. Manchmal schicken wir auch nur eine Text- oder Sprachnachricht. Es kann durchaus vorkommen, dass man nicht so viel sagen will, das ist meistens okay. Wichtig ist für mich die Botschaft, dass Annika gut angekommen ist und wir kurz Kontakt miteinander haben.*

Reflexion

1. Welche Rituale haben wir für die Abschiedssituation gefunden?
2. Wie wirken sie sich aus?
3. Bin ich damit zufrieden, beruhigen sie mich?
4. Wünsche ich mir noch etwas anderes?

Kurz nach der Trennung erleben die Partner in der Regel einen Gefühlsmix aus Trauer, Ärger, Verzweiflung, Sehnsucht, Angst und innerer Leere, aber auch Vorfreude und Neugier auf die bevorstehende Zeit ohne den Partner. Jeder schwingt sich allmählich wieder in den Rhythmus des eigenen Lebens ein. Das gelingt dem einen Partner vielleicht schneller als dem anderen. Es kommt vor, dass einer besser mit dem Getrenntsein umgehen kann als der andere. Derjenige, dem es schwerer fällt, steht nun vor der Aufgabe, seine Emotionen zu regulieren, um gut wieder im Alltag zurechtzukommen und die Phase des Alleinseins vielleicht sogar als Wachstumschance zu begreifen. (Den Aspekt Selbstregulation habe ich im Buch *Du bist mein Heimathafen: Kurs halten für Paare* [2021] weiterführend erläutert.)

In Übergangssituationen gehen wir bewusst mit unseren Gefühlen um.

Während des Getrenntlebens

Fernbeziehungen haben viele Formen und Gründe. Der Beruf, die Karriere, ein Studium oder Praktikum sind nur an einem anderen Ort möglich. Man möchte oder muss in der Nähe der Kinder sein, Eltern sind zu betreuen oder der Freundeskreis bedeutet einem viel. Ein Partner muss berufsbedingt pendeln, man führt eine Wochenendbeziehung oder hat zwei eigene Haushalte für das Modell *Living apart together.* Oder einen Haupthaushalt und eine Nebenwohnung als *Back-up.* Ein Partner lebt in einer WG, der andere allein oder mit seinen Kindern. Paare leben in der gleichen Stadt in getrennten Wohnungen, in unterschiedlichen Städten und Ländern oder auf anderen Kontinenten.

Kontakt halten gibt Halt

Der Silbermedaillengewinner im 50-Kilometer-Gehen von Tokio 2021, Jonathan Hilbert, berichtet in einem Interview, wie sehr es ihn unterstützt habe, jeden Tag mehrere Stunden mit seiner Freundin über Bildtelefonie sprechen zu können. Dies habe ihn sehr ermutigt, an sich zu glauben. Sie habe ihm sogar für jeden Tag im olympischen Dorf einen handgeschriebenen Brief mitgegeben.

Das ist sicher ein außergewöhnliches Beispiel. Doch es kommt vor, dass man unterschiedliche Zeitzonen bedenken muss oder Ängste aushält, weil der Partner sich in einem Krisengebiet befindet. Nicht nur dann ist es essenziell, offen über Gefühle und Wünsche zu sprechen und Halt gebende Vereinbarungen zu treffen:

- *Wie wollen wir in Kontakt bleiben?*
- *Wer meldet sich wann?*
- *Wie gehen wir mit offenen Fragen und Konflikten um?*

Anrufe, Videotelefonie, Chats, Messenger-Dienste und Apps, die interaktive Beziehungstagebücher anbieten, können helfen, Brücken zu bauen und miteinander in Kontakt zu bleiben. Damit sie nicht als Belästigung oder Kontrolle, sondern als Bereicherung erlebt werden, gilt es auszuloten, welche Art von Kontakt der jeweils andere benötigt und was lebbar ist. Nicht immer fällt der Vorschlag, sich jeden Morgen gegenseitig zu wecken oder miteinander zu telefonieren, auf fruchtbaren Boden. Das schwedische Wort *Lagom* erinnert an das richtige Maß. Zur Erinnerung, es bedeutet sinngemäß: *Nicht zu wenig, nicht zu viel, genau richtig!*

Es ist sinnvoll, diese Kontakte nicht mit zu hohen Erwartungen zu überfrachten. Der Austausch über Alltägliches und die Erfahrungen im eigenen Lebensbereich tragen mehr als hochemotionale Liebesbekundungen dazu bei, ein Stück Normalität aufrechtzuerhalten.

Bea: *Wir haben vereinbart, dass wir an einem Tag in der Woche zusammen kochen, obwohl wir getrennt leben.*

Max: *Am Anfang war ich skeptisch, aber es geht! Wir stellen die Kamera so auf, dass wir uns beim Kochen zusehen können, und unterhalten uns über Facetime.*

Bea: *Mir ist klar, dass es zwei Küchen an unterschiedlichen Orten sind, und man kann das Essen natürlich nicht riechen. Aber trotzdem sind wir gefühlt in einem gemeinsamen Raum.*

Max: *Es gibt aber auch Phasen, in denen wir nicht so intensiv kommunizieren. Manchmal ist mir ein Anruf zu viel oder er passt gerade nicht. Dann nutzen wir eine Sprachnachricht oder schicken eine kurze SMS.*

Bea: *Wobei ich mich da manchmal selbst zur Ruhe ermahnen muss, wenn nicht gleich eine Antwort kommt. Ich weiß, dass Max antwortet, wenn er wieder Zeit und Muße dazu hat. Ich musste erst lernen, diese Spannung auszuhalten, jetzt geht es besser.*

Max: *Ich weiß nicht, ob es übersinnliche Kanäle sind, aber manchmal spüre ich diese Spannung. Selbst dann, wenn Bea nicht anwesend ist. Das ist eine Art Energieübertragung. Früher habe ich gedacht, jetzt muss ich mich sofort melden, aber das geht nicht immer und ich will es auch nicht immer, weil es mich aus meinem Rhythmus bringt. Das muss ich dann mit mir selber aushandeln und ausbalancieren.*

Bea: *Ja, das kannst du gut. Manchmal vermisse ich allerdings etwas mehr Gefühl am Ende unserer Gespräche.*

Max: *Ich weiß, aber ich bin nicht so gesprächig am Telefon. Am Ende eines Gesprächs versuchst du oft, was Emotionales aus mir herauszukitzeln, aber das setzt mich unter Druck.*

Bea: *Immerhin haben wir eine kleine Abschiedsfloskel gefunden, die ich aber nicht verrate. Die gehört nur uns!*

An den Erfahrungen von Bea und Max zeigt sich, wie ein Kontakt kreativ gestaltet werden kann. Es wird zugleich deutlich, wie störanfällig die Balance von Nähe und Distanz ist. Genau darin liegt die Chance für ein Paar, voneinander zu lernen und sich auf die Besonderheiten des Partners einzustellen.

Reflexion

1. Welche Absprachen treffen wir für die Zeit des Getrenntseins?
2. Haben sie sich bewährt? Bin ich damit zufrieden?
3. Welche Absprachen haben wir für offene Fragen und Konflikte gefunden?
4. Wie gestalten ich die Zeit des Getrenntseins?
5. Was hilft mir, wieder in meinen eigenen Rhythmus zu kommen?

Wir treffen verbindliche Absprachen und tauschen uns auch über Alltägliches aus, während wir getrennt leben.

Ankommen und wieder zusammen sein

Die Phase des Ankommens beginnt bereits vor dem Wiedersehen. Nicht nur die Trennungsphase hat ihre Besonderheiten, sondern auch die Phase der Wiederannäherung. Die Dauer des Getrenntseins und die Dauer des bevorstehenden Zusammenseins sind zu berücksichtigen.

War man nur kurze Zeit getrennt, fällt das Ankommen und Aufeinander-Einstimmen leichter, als wenn man sich lange nicht gesehen hat. Schließlich hat der abwesende Partner im Alltagsrhythmus kaum noch eine Rolle gespielt und sein Platz wurde durch andere Menschen und Aktivitäten ausgefüllt. In gewisser Weise begegnen sich zwei (vertraute) Fremde, die einander wieder neu kennenlernen und sich Raum gewähren müssen. Das benötigt Zeit und einen bewussten Umgang mit dieser speziellen Situation.

Gibt es einen gemeinsamen Haushalt, ist dem Rückkehrenden zumindest das gemeinsame Nest vertraut, sofern es während der Abwesenheit nicht allzu sehr umgestaltet wurde. Haben sich Dinge verändert oder gibt es Besonderheiten, die anders sind als sonst, ist es wichtig, den Partner vorher darauf hinzuweisen. Er kann sich dann bereits bei der Anreise damit befassen und darauf einstellen.

Signale des Willkommenseins – Interesse baut Brücken

Lebt man in getrennten Haushalten, fühlt man sich zunächst wie ein Gast. Entsprechend rücksichtsvoll sollte man miteinander umgehen. Die Möglichkeiten der Wiederannäherung sind vielfältig. Besonders achten wir auf Signale des Willkommenseins und Gesten der Zuneigung. Eine Umarmung, ein Begrüßungskuss und der Satz „Schön, dass du wieder da bist" bzw. „Schön, wieder hier zu sein" wirken beruhigend.

„Wie war die Reise?" Diese Frage zeigt dem Ankommenden, dass man Interesse an ihm hat. Nicht alle Partner mögen es, sofort mit Berichten in Beschlag genommen zu werden, und empfinden es wohltuend, Zeit zum Ankommen zu haben. Sie möchten in Ruhe auspacken oder duschen. Anderen bedeutet es viel, möglichst schnell miteinander ins Bett zu gehen, um einander auch körperlich nah zu sein.

Kleine Geschenke mitzubringen oder ein Essen für den Partner zu kochen drückt aus, dass man an den anderen gedacht hat. Aus der Distanz in die Nähe zurückzufinden ist ein sensibler Prozess. Ein Paar sollte darum wissen und ihn achtsam gestalten.

Das folgende Modell regt dazu an, auch die Kommunikation bewusster zu gestalten. Beispielsweise indem man darüber nachdenkt, wer sich zunächst zurücknimmt, um dem anderen Raum zu geben. Gibt es in der Beziehung Kinder, können auch sie – altersabhängig – von den Erwachsenen lernen, Raum zu gewähren und Raum zu bekommen.

1. Fokus Du

Die Aufmerksamkeit erhält überwiegend einer der Partner. Sprechen Sie darüber, wer beginnen möchte, und entscheiden Sie dann, wer zuerst Aufmerksamkeit bekommt. Dem Zurückkommenden erleichtert es das Ankommen. Dem Daheimgebliebenen gibt es die Möglichkeit, Erfahrungen mitzuteilen, die in der Zeit des Getrenntseins noch nicht angesprochen wurden.

Der Zuhörer stellt offene Fragen, ohne die Antworten gleich für einen Fokuswechsel auf sich selbst zu nutzen: *Wie war's? Erzähl mal!*

OLIVER: *Diesmal war es extrem anstrengend. Es lief beim Kunden nicht so wie geplant. Er schien nicht zu wissen, was er will. Sogar seine Mitarbeiter haben schon die Augen verdreht. Ich musste mich wirklich zusammennehmen, um nicht aus der Haut zu fahren. Stell dir vor, er …*

2. Fokus Ich

Der Raum gehört dem Erzählenden. Er kann von seiner Reise, seinem Alltag, seinen Erfahrungen, Problemen und Widrigkeiten berichten, ohne Angst haben zu müssen, sofort durch Berichte des anderen unterbrochen zu werden.

Diese Unterscheidung mag künstlich erscheinen, doch sie hat sich bewährt. Erfahrungsgemäß entwickelt sich nach einer Weile daraus ein Reißverschlussgespräch mit wechselnden Redeanteilen. Der bewusste Umgang mit dem Fokus ermöglicht Dialoge, die befriedigend verlaufen.

BIANCA: *Ich hatte einen schönen Abend mit Asli, Laura und Sandra. Wir waren im Kino und haben uns köstlich amüsiert. Das war dringend nötig, denn mir ist die Decke auf den Kopf gefallen. Die Arbeit im Homeoffice geht mir langsam auf die Nerven. Ich musste mal raus!*

3. Fokus Wir

Die Aufmerksamkeit richtet sich auf die gemeinsame Zeit, Pläne und Vorhaben. Man tauscht sich darüber aus, was man gemeinsam machen möchte, was zu besprechen und zu regeln ist.

JANNIS: *Was hältst du davon, wenn wir morgen zusammen kochen?*

LAURENNE: *Eine gute Idee, aber ich habe ehrlich gesagt morgen tagsüber wenig Zeit. Könntest du einkaufen?*

JANNIS: *Okay, ich bin zwar auch etwas im Stress, aber das klappt. Was wollen wir essen?*

LAURENNE: *Mir würde etwas Asiatisches mit Reis gefallen.*

JANNIS: *Warum nicht. Haben wir denn die richtigen Gewürze im Haus oder muss ich die mitbringen?*

4. Fokus Kinder und Familie

Das Gespräch dreht sich um alles Wichtige im Hinblick auf die Familie und die Kinder. Was ist passiert? Was gab es an schönen oder problematischen Entwicklungen? Was ist zu regeln? Worum muss man sich kümmern?

AGNES: *In der Kita sind zwei Erzieherinnen krank. Die Atmosphäre ist angespannt. Mila wirkt gestresst. Sie schläft unruhig, schlägt sich aber tapfer und hat trotz der Unruhe Lust hinzugehen. Zum Glück!*

Reflexion

1. Wie gestalten wir die Phase des Ankommens?
2. Haben sich die Rituale bewährt? Bin ich damit zufrieden?
3. Was hilft uns, wieder in einen gemeinsamen Rhythmus zu kommen?

Wir gestalten das Ankommen liebevoll und beachten die Befindlichkeit des anderen.

2.3 Die entfremdende Distanz

Wir leben umeinander herum

Es ist nicht immer die räumliche Distanz, die Probleme bereitet. Auch die emotionale Distanz in den eigenen vier Wänden kann zur Qual werden. In diesem Kapitel möchte ich Ihnen Susanne und Werner vorstellen. An ihrem Prozess wird deutlich, wie mühsam der Weg aus einer großen Distanz hin zu mehr Nähe sein kann. Aber auch wie lohnend.

Susanne arbeitet als Krankenschwester, Werner ist Verwaltungsangestellter. Sie sind seit 18 Jahren zusammen und seit zehn Jahren verheiratet. Ihre gemeinsame Tochter ist elf Jahre alt. Die Tochter leidet sehr unter der angespannten Situation zwischen ihnen. Mit Susanne spricht sie manchmal darüber, wie schlecht es ihr geht. Mit ihrem Vater nicht. Die beiden möchten ihr Konflikt- und Gesprächsverhalten verbessern, um in Krisensituationen besser zurechtzukommen.

Susanne ist sehr verzweifelt und traurig, Werner erscheint ungeheuer müde und desinteressiert. Beide haben sich nach einer langen Phase aus Angriff und Verteidigung innerlich zurückgezogen. Dafür wird es gute Gründe geben.

Wir haben uns zurückgezogen

WERNER: *Ich bin erschöpft und müde von den nicht enden wollenden Streitgesprächen. Wir ziehen nicht an einem Strang und haben uns auseinandergelebt. Seit einigen Jahren passiert emotional nicht mehr viel. Wir leben umeinander herum. Das ist unser Agreement. Wir haben seit zwei Jahren keinen Sex. Susanne war es schon immer zu wenig Sex. Als sie dann Druck auf mich ausübte, wurde es noch weniger. Dann wollte sie auch nicht mehr.*

SUSANNE: *Ja, das ist ein wichtiges Thema. Aber es ist noch mehr. Er treibt mich in die Verzweiflung. Früher habe ich Werner verfolgt, wenn er sich zurückgezogen hat. Ich habe eine Welle von Kälte, Wut und Ablehnung bei ihm gespürt. Dagegen bin ich nicht angekommen. Gleichzeitig wusste ich nicht, wohin mit meinem Zorn. Manchmal habe ich mich selbst geboxt.*

WERNER: *Ich bin frustriert und enttäuscht. In einigen Situationen habe ich mich regelrecht verfolgt gefühlt. Susanne war so laut und unbeherrscht. Ich hatte nachts sogar Angst, von ihr überfallen und verletzt zu werden. Ich habe mit Herzrasen wach gelegen. Einmal ist Susanne nachts weggelaufen, nachdem sie vorher gegen die Tür getreten hatte. Ich wusste nicht mehr, woran ich war.*

SUSANNE: *Ich habe mich immer abgeblockt gefühlt, bin nicht an dich herangekommen. Da war keine Nähe mehr, nur eine unüberbrückbare Distanz. Als wärst du meilenweit weg. Das hat es nur schlimmer gemacht. Es ist die Art, wie wir streiten. Du verletzt mich mit deinen entwertenden Kommentaren und aggressiven Vorwürfen. Das hat bei mir so viele Verletzungen und Wunden hinterlassen, deswegen habe ich mich emotional zurückgezogen.*

In ihren Schilderungen wird deutlich, wie dramatisch sich die Kommunikation verändert, wenn wesentliche Grundbedürfnisse nach Nähe, Körperlichkeit und Wertschätzung unerfüllt bleiben (Abb. 2.3). Im Rückzug entfremden sie sich voneinander, sie verlieren ihre Heimat in der Beziehung. Das ist traurig. Doch vielleicht gelingt es, sich wieder anzunähern.

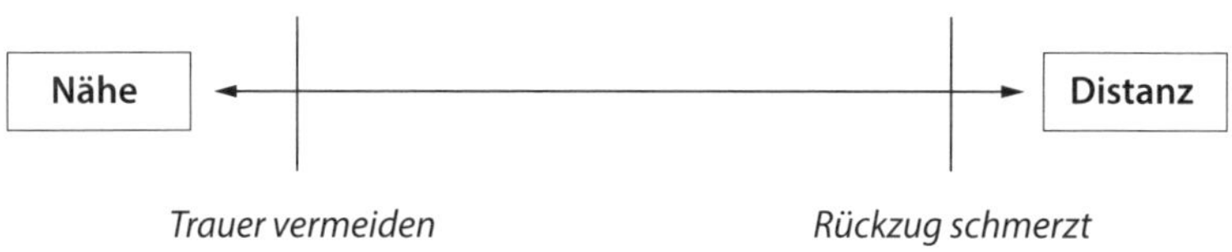

Abbildung 2.3: Frustrierte Sehnsucht nach Nähe führt zu Wut auf den anderen und auf sich selbst – auch als Abwehr gegen die Trauer

Susanne und Werner tragen vor, was sie belastet und schmerzt. Das ist ihr gutes Recht. Allerdings wirkt es so, als würden das Leiden und die Klagen den jeweils anderen nicht erreichen. Keiner signalisiert dem anderen, dass er etwas davon nachvollziehen oder ansatzweise verstehen kann. Ein wohlwollendes Interesse am Befinden des anderen ist nicht zu erkennen. Da beide jedoch ihr Kommunikationsverhalten verbessern möchten, teile ich ihnen diese Beobachtung mit.

Der Blick auf die Defizite kann von einem Paar als Beweis für die eigene Unfähigkeit aufgenommen werden. Eine solche Verarbeitung wäre nicht hilfreich, weil sie die Frustration und Abwärtsspirale der Entmutigung vergrößert. Meine Hoffnung besteht darin, dass Susanne und Werner die Rückmeldung als Chance für eine bewusste Auseinandersetzung sehen. Denn sie bietet die Möglichkeit, an sich und der fehlenden Resonanz zu arbeiten.

SUSANNE: *Die Rückmeldung hat uns umgehauen. Das war hart, aber Sie haben den Nagel auf den Kopf getroffen. Wir haben uns danach zumindest bemüht und waren freundlicher zueinander.*

WERNER: *Wir sind zwei müde Angreifer, die Angst vor den Aggressionen des anderen haben.*

SUSANNE: *Ja, so ist es wohl. Ich kann auch nicht mehr. Jeder will sich nur noch schützen und nichts an sich heranlassen.*

WERNER: *Wir haben uns weniger aneinander abgearbeitet. Als wären wir jetzt in einer Art Warteposition. Ich bin gespannt, wie es weitergeht.*

Beide wirken jetzt wacher und aufmerksamer. Es könnte ein heilsamer Schock gewesen sein. Erfreulicherweise erinnern sie sich an ihre Gemeinsamkeiten und das Verbindende. Sie haben gern zusammen getanzt und viele Tanzstile ausprobiert. Es entsteht ein Raum, in dem sie gemeinsam – und vor allem respektvoller – über die wichtigen Themen ihrer Beziehung sprechen können. Außerdem erinnern sich Susanne und Werner an die guten Erfahrungen in einer vorangegangenen Paartherapie.

SUSANNE: *Wir müssen wohl kleine Brötchen backen und auf dem aufbauen, was wir damals gelernt haben.*

WERNER: *Wir haben den gleichen Humor. Das hilft uns manchmal, über die Absurdität und das Drama unserer Kommunikation zu lachen.*

SUSANNE: *Manchmal denke ich, ich habe den Gegenpol zu meinem Vater geheiratet. Er war ganz in sich gekehrt und ruhig. Werner ist vollkommen anders. Er kommt nach Hause und brabbelt einfach drauflos, was ihn beschäftigt. Da kann ich dankbar sein, denn viele Männer reden ja nicht. Und wir lieben uns, auch wenn das unter dem ganzen Schutt vergraben liegt.*

WERNER: *Du liebst mich? Ich kann das kaum glauben. Du hast dich in den letzten Jahren eingekapselt, als wärst du in einen Dornröschenschlaf gefallen. Ich weiß ja nicht, ob sich das Warten lohnt, ob du jemals wieder aufwachst.*

Werner ist unsicher, ob er seiner Frau noch etwas bedeutet.

SUSANNE: *Ich kann dich verstehen, schließlich habe ich mich körperlich oft nicht begehrt gefühlt und mich zurückgezogen.*

Werner: *Du kannst mich verstehen?! Das berührt mich. Für einen kurzen Moment hatte ich ein Bild im Kopf. Als würde eine Tulpe ihren Kopf heben. Ich bin es gar nicht mehr gewohnt, ein gewisses Verständnis zu bekommen. Na ja, ich habe wohl den Kopf hängen lassen. Ich war irgendwie verstört. Deine Wutausbrüche haben mich erschüttert.*

Es wird immer deutlicher, wie sehr ihrer Beziehung eine positive und wohlwollende Resonanz fehlt. In ihrer Verzweiflung haben beide Mechanismen entwickelt, sich vor Verletzungen zu schützen und ihre Ängste in Schach zu halten. Susanne war mit ihrer ohnmächtigen Wut überfordert und griff Werner an oder wendete ihre Aggression gegen sich selbst. Ihre Angst, nicht begehrt zu werden, ließ sie an ihrem Liebeswert zweifeln. Sie verschloss sich und war für ihren Mann nicht mehr erreichbar. In ihrem inneren Exil hungerte sie nach einem Signal der Zuwendung und Wertschätzung.

Werner fühlte sich bedroht und suchte ebenfalls Schutz im inneren Rückzug. Auch er hungerte nach einem Beweis ihrer Liebe. Stattdessen sah er sich unter Druck gesetzt und scheiterte in seinem Bemühen, die Erwartungen seiner Frau erfüllen zu wollen.

Werner ist der Zweitgeborene. Seine Eltern wurden im Krieg vertrieben. Der Vater war selten zu Hause, zeigte sich dann aber fürsorglich und zugewandt. Die Mutter hatte auf der Flucht ihre Geschwister verloren. Sie trug eine stille Trauer in sich. Zwar spendete sie Trost, wenn Werner ein Missgeschick passierte, doch er hatte das seltsame Gefühl, sie würde eigentlich sich selbst trösten. Werner hatte den Eindruck, es ginge gar nicht wirklich um ihn. Dennoch fühlte er sich in ihrer Nähe wohl, sie kümmerte sich um ihn.

Susanne ist die Jüngste und hat drei weitere Geschwister. Dem Vater gegenüber fühlte sie sich unterlegen, weil er trotz seiner Schweigsamkeit manchmal dominant auftreten konnte. Über seine Gefühle sprach er nicht. In einigen Situationen provozierte er seine Tochter, ohne dass sie genau wusste, was er erreichen wollte. Dadurch bildete sich eine gewisse Verunsicherung und Distanz. Andererseits konnte er gut zuhören. Bei ihm fühlt sie sich verstanden und gehört. Er war und ist bis heute ein wichtiger Anker für sie.

Die Mutter litt unter Depressionen und berichtete den Kindern von ihrer Angst, sterben zu müssen. Als Kind hatte Susanne oft Angst um sie. Sie fragt sich, ob sie zu sehr in die Rolle als Seelentrösterin und Partnerersatz der Mutter geraten ist. Die Eltern stritten sich oft, wodurch ihre Kindheit überschattet wurdet. Nachdem ihre Eltern sich getrennt hatten, konnte sie aufatmen.

Anscheinend gibt es in der Beziehung von Susanne und Werner einige Erfahrungen, die sie aus ihren Ursprungsfamilien kennen. Werner kennt aus dem Elternhaus eine gewisse Fürsorge und Zugewandtheit, die ihm jetzt fehlt. Nun ist er verunsichert, ob es eigentlich um ihn geht und noch Liebe für ihn gibt. Susanne ist wie einst bei ihrem Vater irritiert, wenn Werner sich provozierend zeigt und sie seine Gefühle nicht erkennen kann. Vermutlich ist auch das Kind in ihr alarmiert, weil es laut zugeht und Streit an der Tagesordnung ist. Ähnlich wie bei ihrer Mutter hat sie sich zu sehr mit der Rolle der Verständnisvollen identifiziert und ihre eigenen Bedürfnisse aus dem Auge verloren. Diese melden sich nun lautstark und vehement.

Ich gebe mir selber, was ich brauche

WERNER: *Jetzt bin ich mal dran! Ich bin nicht geneigt, noch was zu geben. Ich habe keine Bringschuld, noch mehr von mir einzubringen. Ich bin frustriert und habe mich zurückgezogen. Zu oft habe ich erlebt, dass meine Beiträge keine Resonanz bekommen haben oder für Susanne nicht relevant waren. Oder sie hat sich gestört gefühlt.*

SUSANNE: *Ich habe genauso viel gegeben. Aber jetzt gebe ich immer weniger, weil mein Geben deine Bedürftigkeit nicht wirklich befriedigt hat. Es war nie genug oder gut genug. Damit ist jetzt Schluss, jetzt gebe ich mir selber was!*

Beide beginnen, die Erwartungen an den anderen loszulassen. Darin ist trotz aller Resignation auch etwas Gutes. Zum einen überfrachten sie den anderen nicht mit Erwartungen, die zumindest zum Teil den Entbehrungen ihrer Kindheit entspringen. Zum anderen sind sie dadurch aufgefordert, ihre Selbstfürsorge zu stärken. Ein wichtiger Schritt!

Außerdem scheinen beide – trotz aller Vorwürfe und Schmerzen – froh zu sein, den Dramen ihrer Kindheit entflohen zu sein und in ihrer Beziehung – wenn auch nur phasenweise – etwas Gutes gefunden zu haben. Wozu könnte es führen, wenn das Gute mehr Raum bekäme? Wie wünschen sie sich eigentlich ihre Beziehung? – Ihre Zeichnungen verdeutlichen das (Abb. 2.4 und 2.5).

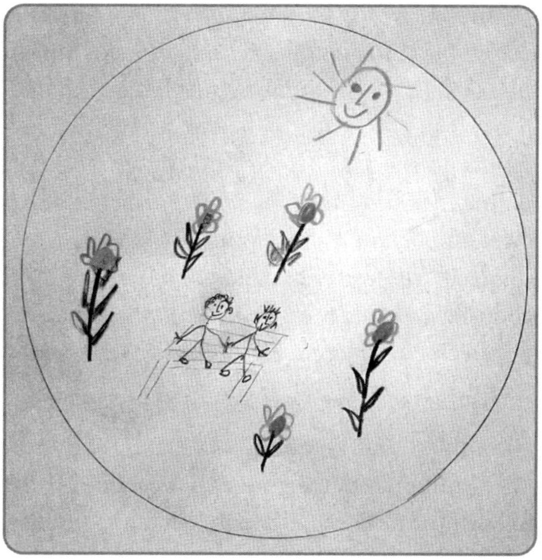

Abbildung 2.4: Werner: So wünsche ich mir unsere Beziehung

WERNER (beschreibt sein Bild): *Da blüht etwas. Es ist bunter und gibt mehr Freude. Wir sitzen auf der Gartenbank nebeneinander und halten Händchen. Wir fühlen uns verbunden. Da ist mehr Nähe und vor allem: Frieden!*

Und welchen Wunsch hat Susanne?

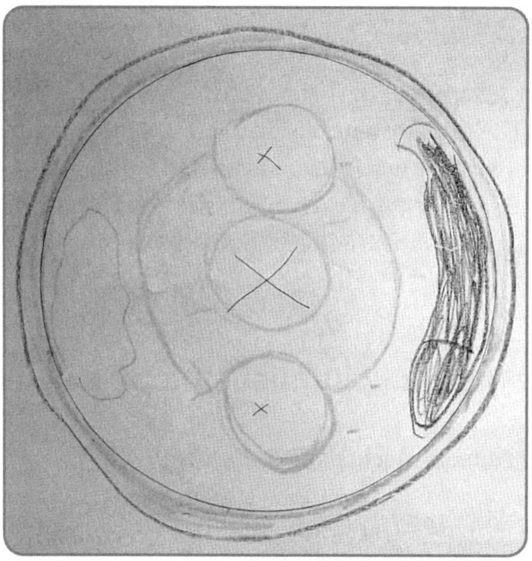

Abbildung 2.5: Susanne: So wünsche ich mir unsere Beziehung

SUSANNE (beschreibt ihr Bild): *Wir kommen uns näher und sind aneinander angeschlossen. Die Kreise oben und unten im Bild sind wir. Unsere Tochter ist in der Mitte. Werner und ich sind im Kontakt. Das bedeuten die Pfeile. Die blaue Wolke links im Bild steht für Heiterkeit. Um den Wunschkreis habe ich mehr Farben gemalt, es könnte bunter werden. Für mich ist das ganze Bild wie eine Annäherung an den Wunsch meines Mannes nach mehr Verbundenheit. Aber sein Wunschbild ist für mich im Moment noch in weiter Ferne.*
Das schwarze Gebilde ist unser Hund, den wir vor einigen Monaten aus Griechenland bekommen haben. Er bringt viel Ruhe und positive Energie in unser Leben. Meinem Mann gibt er mehr Energie als mir, aber er strahlt auch auf mich und unsere Tochter positiv aus.

Im Gespräch über die Bilder sind beide etwas beruhigter, weil sie sehen, wie sehr sie sich beide wünschen, miteinander verbunden zu sein. Der Weg dorthin ist noch nicht ganz klar. Dennoch lohnt es sich, darüber nachzudenken, was sie gewinnen können, wenn sie dem angestrebten Wunschzustand näher kommen. Sie werfen sozusagen einen Blick in die Glaskugel und schauen in die Zukunft.

Blick in die Glaskugel

WERNER: *Es wäre mehr Frieden und dadurch Energie frei für schöne Dinge. Da wäre mehr Freude in unserem Leben, vielleicht sogar die Lust, wieder gemeinsam zu tanzen.*
SUSANNE: *Ich würde mich freier und unbeschwerter fühlen. Vor allem könnten wir uns mit unseren Freunden wieder wohler fühlen und die Geselligkeit genießen, weil wir miteinander entspannter sind. Unsere Tochter würde ebenfalls profitieren.*

Kurz darauf berichtet Susanne, dass sie mittlerweile wieder im gemeinsamen Ehebett geschlafen hat. Die gemeinsame Vision hat die beiden ermuntert, behutsam aufeinander zuzugehen. Nach einer Phase, in der das Trennende schmerzhaft im Vordergrund stand, spüren sie jetzt den Wunsch, sich dem Verbindenden zuzuwenden. Ein erster Schritt zu mehr Nähe ist angebahnt.

2.4 Getrennte Betten: Räumliche Distanz in der Nacht

Du schnarchst! – Du zappelst nachts mit den Beinen!

Die Regulation von Nähe und Distanz ist auch nachts ein wichtiges Thema. Gemeinsam in einem Bett zu schlafen ist vielen Paaren wichtig. Es gehört für sie selbstverständlich zu einer guten Beziehung. Sie entwickeln zur Schlafenszeit ihre eigenen

Gewohnheiten, um sich wohlzufühlen und in den Erholungsmodus zu finden. Lassen sich diese Rituale synchronisieren, entsteht wohlige Nähe. Beide lesen noch eine Weile, das Zimmer wird gelüftet, man kuschelt, schläft miteinander oder tauscht sich für einige Minuten über die Erfahrungen des zurückliegenden Tages aus. All das schafft Vertrauen, weil man sich nah sein kann und sich öffnet.

Frauen und Männer empfinden das Schlafen im gleichen Bett häufig als Beleg für den guten Zustand ihrer Beziehung. Allerdings reagieren Frauen tendenziell sensibler auf Störungen im Schlaf als Männer. Diese hingegen schlafen in Gegenwart ihres Partners oft sogar besser. Darüber hinaus ist es ein Mythos, dass ältere Menschen weniger Schlaf benötigen. Die amerikanische Sleep Foundation weist daraufhin, dass Menschen über 65 durchaus 7-8 Stunden Schlaf benötigen (Newsom & DeBanto, 2022). Und es gibt einen weiteren Zusammenhang zum Lebensalter: Bei über 60-Jährigen wird der Schlaf im gemeinsamen Bett weniger erholsam erlebt. Insbesondere Männer schnarchen vermehrt und die Frauen sind unruhiger. Ausnahmen bestätigen die Regel!

Wertvolle Erholungszeit

Schläft man getrennt, fürchten viele, die Beziehung könnte darunter leiden. So, als wäre dies der Anfang vom Ende. Allerdings können romantische Vorstellungen, die einer sozialen Norm folgen, die Partner einengen. Dazu gehören Gebote wie „Man muss immer zusammen einschlafen“, „Engumschlungen einzuschlafen ist das höchste der Gefühle“, „Man sollte sich auch im Schlaf nah sein“. Sie tragen dazu bei, den beziehungserhaltenden Effekt getrennter Betten aus dem Auge zu verlieren.

Störungen durch den schnarchenden Partner, häufige Toilettengänge oder der Kampf um die gemeinsame Decke rauben wertvolle Erholungszeit. Wer morgens unausgeschlafen ist, weil er sich durch den Partner gestört fühlt, wird unausgeglichen sein und schneller gereizt reagieren als jemand, der eine gute Nachtruhe hinter sich hat. Schlafmangel mindert die Kommunikationsfähigkeit und Motivation, sich für die Beziehung zu engagieren und schwierige Themen konstruktiv anzusprechen.

Von älteren Menschen hört man hin und wieder die Devise: „Vor der Nachtruhe sprechen wir uns aus, sonst können wir nicht einschlafen. Wenn wir uns gestritten haben, vertragen wir uns vor dem Einschlafen wieder.“ Das klingt möglicherweise banal und unrealistisch, denn nur wenigen Paaren gelingt dieser Schritt. Bei geringfügigen Streitanlässen kann diese Strategie funktionieren, bei gravierenden Konflikten oder Verletzungen ist räumlicher Abstand die bessere Lösung.

Dann kann nächtliche Distanz eine Beziehung durchaus bereichern, weil jeder ungestört zur Ruhe kommen kann. Insbesondere wenn man sich heftig gestritten hat, emotional sehr aufgewühlt ist oder sich als Paar in einer Krise befindet, können getrennte Betten dabei helfen, Abstand zu gewinnen, um das Erlebte „sacken" zu lassen oder mit Distanz neu zu durchdenken.

Die Schlafmedizinerin Wendy Troxel plädiert generell für mehr Offenheit gegenüber unterschiedlichen Schlafarrangements (Langosch, 2022). Das ist verständlich, denn Schlafmangel macht es uns schwerer, zugewandt und liebevoll zu sein. Fehlender Schlaf macht uns dünnhäutig und reizbar. Auf Dauer leidet die Beziehung. Von einem gesunden Schlaf dagegen profitiert aus ihrer Sicht die Psyche – und langfristig die Partnerschaft.

Um zu zeigen, wie unterschiedlich Paare ihre Schlafsituation erleben, habe ich einige Erfahrungen zusammengetragen.

„Mein Mann kann immer schlafen!"

Pia: *Mein Mann kann immer schlafen. Der macht die Augen zu und ist im Nirwana. Ich beneide ihn darum!*

Mike und Lia: *Wir schlafen nur im Urlaub in einem gemeinsamen Bett. Da funktioniert das gut.*

Oskar: *Wir schlafen in einem Bett, aber wenn nachts eines unserer Kinder kommt und sich in die Besucherritze legt, ist das ein zwiespältiges Gefühl. Einerseits schön, andererseits habe ich immer Sorge, mich zu sehr zu bewegen. Manchmal legt sich dann einer von uns auf eine Matratze neben dem Bett.*

Ingo: *Ich kann neben meinem Freund nicht einschlafen. Ich bin so unruhig und viel zu offen. Mir macht die Nähe Angst, ich halte das kaum aus. Leo hat zwar gesagt, dass könne man üben, aber es klappt nicht wirklich. Manchmal quäle ich mich die ganze Nacht und will durchhalten, weil ich lernen will, Nähe auszuhalten, aber es gelingt mir selten.*

Larissa und Tom: *Wir schlafen fast von Anfang an in getrennten Betten, das hat sich so ergeben und ist kein Problem. Wir besuchen uns dann gegenseitig und fragen, ob es okay ist. Das hat was sehr Respektvolles. Wir kuscheln dann und sind uns sehr nah. Das ist schön.*

Elen und Pascal: *Wir schlafen öfter mal in getrennten Betten, meist dann, wenn einer noch voller Adrenalin ist, wenn es Stress im Job gab. Das hat Vorteile. Man kann zur Ruhe kommen, stört den anderen nicht und manchmal haben wir morgens dann richtig guten Aufwach-Sex, wenn der andere rüberkommt.*

Niko: *Ich kann zwar zusammen mit Beate in einem Bett schlafen, aber nur Rücken an Rücken. Wenn wir uns Bauch an Bauch legen, ist mir das viel zu viel Nähe. Und außerdem unbequem. Nach dem Sex muss ich mich bald umdrehen, sonst komme ich nicht in den Schlaf.*

Reflexion

1. Welche Zu-Bett-Geh- und Einschlafrituale haben wir entwickelt?
2. Können wir offen über unsere Schlafbedürfnisse sprechen?
3. Bin ich mit unserem Schlafarrangement zufrieden?
4. Wovon hängt es ab, ob wir zusammen oder getrennt schlafen?
5. Wünsche ich mir eine Veränderung oder kann es so bleiben, wie es ist?

Wir brauchen unseren Schlaf. Wir befreien uns von einschränkenden Vorstellungen, was „man tut oder nicht tut", und finden eine Lösung, die uns guttut.

2.5 Distanz durch misslingende Synchronisation

Vom Solo zum Duo ist gar nicht so einfach

Jeder Partner hat im Alltag seinen eigenen Rhythmus. Dieser wird durch die Arbeit, die Aufgabenteilung, die Familie, die Kinder und die Freizeitgestaltung getaktet. Entsprechend unterschiedlich können das Stressniveau und das daraus resultierende Erholungsbedürfnis sein. Die Balance von Nähe und Distanz gerät dann schnell aus dem Gleichgewicht. Der eine benötigt zum Entspannen eine Phase des Alleinseins, der andere regeneriert sich am besten in der Zweisamkeit. In dieser Konstellation ist es gar nicht leicht, sich mit dem Partner zu synchronisieren, um wieder in einen gemeinsamen Rhythmus zu kommen. Das Beispiel von Nelli und Hector verdeutlicht dies.

Ich finde nicht statt – du lässt mich nicht in Ruhe

Nelli: *Ich fühle mich von Hector abends zurückgewiesen. Er hält mich auf Abstand!*

Therapeut: *In welchen Momenten wird das denn besonders deutlich?*

Nelli: *In der Einschlafsituation am Abend. Hector liest meist im E-Book. Dann verschränkt er die Hände vor der Brust und schläft ein. Ohne Rücksicht auf Verluste. An sieben von sieben Tagen.*

Hector: *Ich habe den ganzen Tag performt und mich um die Kinder und den Haushalt gekümmert. Wir haben vor dem Fernseher sogar Hand in Hand zusammengesessen.*

Nelli: *Mir kommt es so vor, als würdest du mich mit Liebesentzug bestrafen. Ohne dass ich weiß, wofür. Als hätte ich etwas verbockt.*

HECTOR: *Nein, das stimmt nicht! Ich bin froh, am Abend endlich alleine für mich zu sein. Das ist meine Me-Time. Dann kommst du und willst noch mehr. Es ist nie genug!*

NELLI: *Immer muss ich ankommen, um zu kuscheln. Ich habe resigniert und muss mich damit abfinden. Ich finde bei dir dann einfach nicht statt.*

Mein Nähe-Konto ist voll – mein Nähe-Konto ist leer

HECTOR: *Du hast immer etwas an mir auszusetzen. Mein Nähe-Konto ist schon durch die Begegnungen am Tag und auf dem Sofa aufgeladen. Es ist sogar überzogen. Ich will und brauche dann nicht mehr Nähe.*

NELLI: *Das kann ich kaum nachvollziehen. Ich habe vom Kuscheln auf dem Sofa nicht so viel, weil ich innerlich noch mit den Kindern und dem, was am nächsten Tag zu tun ist, beschäftigt bin. Ich komme erst etwas zur Ruhe, wenn wir im Bett liegen. Dann fängt für mich die We-Time an. Und du bist nicht erreichbar. Mein Nähe-Konto ist abends fast leer.*

HECTOR: *Ich bin es mein Leben lang gewohnt, abends alleine einzuschlafen. Ich habe immer abends ein Buch gelesen. Du vermittelst mir permanent das Gefühl, nicht richtig zu sein.*

NELLI: *Ich kenne es von zu Hause anders. Meine Eltern haben zwar in getrennten Betten geschlafen, aber sie haben sich gegenseitig besucht und noch gekuschelt. Wenn ich Albträume hatte, konnte ich immer zu ihnen kommen. Das hat mich beruhigt. Sie waren erreichbar. Du bist es vor dem Schlafengehen nicht. Das frustriert mich.*

HECTOR: *Ich kann nicht einschlafen, wenn ich deine Haare im Gesicht habe oder du zu lange in meinen Armen liegst. Früher habe ich das aus Liebe oft ausgehalten, aber das ist auf Dauer keine Lösung. Du kannst dich ja von hinten an mich ankuscheln.*

NELLI: *Dann muss ich wieder kommen. Ich möchte aber spüren, dass du das auch willst. Als wir noch unsere Fernbeziehung hatten und uns nur am Wochenende gesehen haben, sind wir oft Arm in Arm eingeschlafen.*

Autonomie versus Bindungswünsche

Nelli und Hector haben am Abend unterschiedliche Bedürfnisse. Hector möchte ganz für sich sein. Er entspannt sich am besten allein. Dazu benötigt er den Kontakt und die Nähe zu seiner Frau nicht. Ihm ist seine Autonomie wichtig. Er ist verärgert und verunsichert, weil er den Eindruck hat, seine Wünsche und er selbst seien nicht in Ordnung. Er möchte gesehen und gewürdigt werden. Schließlich hatte er aus seiner Sicht viel für die Beziehung getan. Außerdem hat er ausreichend Nähe getankt, um sich im Alleinsein wohlfühlen zu können.

Für Nelli stellt sich die Situation anders dar. Sie agiert aus einem Bindungsbedürfnis heraus und sucht Hectors Nähe. Sie benötigt den Kontakt zu ihm, um abzuschalten. Sie war Hector zwar tagsüber körperlich nah, aber innerlich zu sehr mit ihrem Alltag und den Kindern beschäftigt. Dadurch konnte sie Hectors Nähe-Angebote nicht wirklich aufnehmen. Sie spürt am Abend ein Nähe-Defizit. Eine verfahrene Situation.

Die Kontostände in Bezug auf Nähe sind zwar sehr verschieden, doch Nelli und Hector haben ein gemeinsames Interesse. Sie möchten trotz der Unterschiede ihre Verbundenheit spüren:

NELLI: *Ich will eigentlich gar nicht viel von Hector. Er denkt, er müsse sich dann intensiv um mich kümmern oder mir zuhören. Mir geht es darum, die Verbindung zu ihm zu spüren.*

HECTOR: *Das kann ich verstehen. Auch wenn ich mir nicht sicher bin, ob das wirklich stimmt.*

Die gewünschte Balance von Nähe und Distanz ist über Worte nicht immer gut auszutarieren. Der Körper kann meist viel besser ausdrücken, was gemeint ist. Denn Nähe und Distanz werden immer auch körperlich erlebt. Gefühle, Wünsche, Abwehr und Distanz haben stets eine körperliche Entsprechung. Warum also nicht die Körpersprache nutzen, um dem Partner zu verdeutlichen, was gemeint ist? Dazu dient die folgende Übung.

ÜBUNG: So stehen wir zueinander

Der Titel dieser Übung ist wörtlich gemeint: Stellen Sie sich selbst und Ihren Partner im Raum auf. Wie ein Bildhauer können Sie sich selbst und den Partner modellieren. Dadurch können Sie ohne Worte ausloten – und vor allem sehen und spüren –, wie Ihr Partner und Sie selbst Nähe und Distanz aktuell erleben.

1. Bringen Sie ohne Worte zum Ausdruck, wie Sie Ihre Beziehung *im Moment* erleben. Finden Sie für sich und Ihren Partner die passende Körpersprache.

- Wohin blicken die Augen?
- Wie ist der Kopf ausgerichtet?
- Wie ist die Körperhaltung?
- Was tun Arme und Hände?
- Wie nah oder fern stehen Sie zueinander?
- Sind Sie zu- oder abgewandt?

2. Machen Sie jetzt einen zweiten Entwurf und stellen Sie sich so im Raum auf, wie Sie sich den Kontakt zueinander und Ihre Beziehung *wünschen.*

So kann man nicht verletzt werden

Nelli und Hector fühlen sich von dieser Übung angesprochen und stellen sich gegenseitig auf. Nelli wählt folgendes Arrangement für den Ist-Zustand: Hector und sie stehen mit verschränkten Armen nebeneinander. Jeder blickt in die Ferne. Sie erläutert:

Ich kann Hector nicht erreichen. Allerdings ist es so für mich sicherer. Wenn jeder allein ist, kann ich nicht verletzt werden. Ich bin ziemlich sicher, dass Hector weiter weggehen würde, wenn ich ihn zu mir ziehen wollte. Aber wenn ich ihn ganz loslasse, macht er einfach sein Ding. Ich habe einfach keinen Einfluss auf ihn.

Hector schildert, was er in der von ihr vorgegebenen Position empfindet:

Ich fühle mich nicht wohl. Da ist kein Kontakt, das kann ich kaum aushalten. Ich bin harmoniesüchtig und sehe nur ein großes Fragezeichen. Spüre eine innere Leere. Wenn ich noch länger so gestanden hätte, hätte ich Angst bekommen.

Nelli beschreibt, ohne es direkt auszusprechen, ein Gefühl von Ohnmacht. Sie verschließt sich innerlich und unterdrückt ihren Impuls, ihm näher zu kommen und ihn festzuhalten. Sie befürchtet, Hector zu verlieren.

Hector spürte Nellis Distanziertheit und spürt für einen Moment auch seine Angst. Keine Nähe und keinen Kontakt zu spüren beunruhigt ihn.

Sie schaut mich nicht an

Jetzt stellt Hector auf, wie er den Kontakt in der Beziehung aktuell erlebt: Nelli und er stehen nebeneinander und halten sich an den Händen. Sie schaut weg.

HECTOR: *Nelli schaut mich nicht an. Sie orientiert sich an den Erwartungen anderer und misst mich mit Maßstäben, die von außen kommen. Ich habe das Gefühl, ihren Ansprüchen nicht zu genügen. Ich reiche wohl nicht aus so, wie ich bin. Aber ich finde mich ganz okay, wie ich bin. Außerdem arbeite ich an mir.*

Nachdem Nelli Hector weit weg und unerreichbar erlebte, ist es überraschend zu sehen, wie verbunden sich Hector mit Nelli fühlt. In dieser Aufstellung werden allerdings seine beiden zentralen Themen sichtbar: Er fühlt sich nicht gesehen und hat den Eindruck, ungenügend zu sein.

Wir haben einander und sind nicht allein

Nelli stellt ihren Wunsch auf. Hector und sie stehen jetzt nebeneinander und halten sich an den Händen.

NELLI: *Wir können beide nach vorne gucken und schauen uns nicht zwangsläufig an, können es aber. Mir ist es wichtig, dass wir nicht aufeinander fixiert sind. Wir haben einander und sind nicht allein. So können wir gemeinsam die Welt betrachten.*

HECTOR: *Es ist ein gutes Gefühl, verbunden zu sein. Doch eine Stimme in mir sagt, dass es so nicht fair ist. Ich fühle mich unfrei. Mir kommt es so vor, als sei Nellis Autonomie größer als meine.*

Hector beschreibt sehr konkret seinen Autonomie-Abhängigkeits-Konflikt. Darin spiegelt sich einerseits der Wunsch, unabhängig zu sein, anderseits, wie sehr er bereits an Nelli gebunden ist. Vermutlich wird er immer wieder auf Distanz gehen, um seinen eigenen Raum zu verteidigen. Interessant ist, dass auch Nelli ihre Autonomie schätzt, denn sie möchte keine Beziehung, in der man aufeinander „fixiert" ist.

Jetzt stellt auch Hector sein Wunschbild auf.

Ich bin überrascht, wie nah du dich mir fühlst

HECTOR: *Ich nehme die Position auf, die Nelli auch gut findet. Die Hände bleiben, wie sie sind. Wir halten einander an den Händen und sind darüber verbunden. Aber jetzt schaut sie mich an und sieht mich.*

NELLI: *Ich bin überrascht, wie nah du dich mir fühlst. Ich dachte, du stellst mich ganz weit weg.*

Worum geht es wirklich?

Jeder kommt durch die Distanz sich selbst und seinen Themen nah. Unterschwellige Ängste erblicken zunehmend das Tageslicht. Hector fürchtet, den Ansprüchen nicht genügen zu können. Er stammt aus einer Familie, in der Leistung einen hohen Stellenwert besaß. Die Angst zu versagen und dadurch die Zuwendung der Eltern zu verlieren kennt das Kind in ihm.

Darüber hinaus wurden Konflikte in seinem Elternhaus übergangen. Streit durfte es nicht geben. Hector betont, wie harmoniebedürftig er ist. Er fürchtet die Spannung, die mit einer Auseinandersetzung einhergeht, weil er sich dem nicht gewachsen fühlt. Das überrascht nicht, denn er konnte es durch die anhaltende Vermeidung nicht lernen.

In der Beziehung zu Nelli meldet sich jetzt die Sehnsucht, so angenommen zu werden, wie er ist. Gleichzeitig fällt auf, wie wichtig ihm seine Autonomie ist. Es scheint so zu sein, als würde er in der Nähe zu Nelli eine gewisse Abhängigkeit wahrnehmen, die ihn beunruhigt. Möglicherweise ahnt er, dass er sich auch schwach, ängstlich und bedürftig zeigen könnte. Doch das passt nicht zu seinem Selbstbild und seiner Strategie, durch gute Leistungen und reibungsloses Funktionieren Liebe und Zuwendung zu bekommen. Trotz allem fühlt er sich mit Nelli verbunden, die das aufgrund seines abweisenden Verhaltens nicht mehr spüren konnte.

Nelli kommt in Kontakt mit ihrer Hilflosigkeit. In ihr ist der Eindruck entstanden, dass sie Hector verliert. Bemüht sie sich um seine Aufmerksamkeit, zieht er sich zurück. Lässt sie ihn los, wird er gehen. Unmerklich hat sich eine große Verlustangst in ihr ausgebreitet, die mit einem deprimierenden Gefühl von Ohnmacht und Wirkungslosigkeit einhergeht.

Sie fühlt sich allein gelassen und hat resigniert. Sie hat den Eindruck gewonnen, Hector nicht erreichen zu können. Sie hat zunehmend Angst, emotional unterversorgt zu sein. Ihr Nähe-Konto ist leer. Auch sie spürt ihre Abhängigkeit. Sie befürchtet, bestraft zu werden, wenn sie ihre Wünsche äußert.

In ihrer Kindheit wurden Konflikte durchaus ausgetragen. Sie ist es gewohnt, dass man sie ernst nimmt. Ihre Eltern waren in der Regel zuverlässig für sie erreichbar. Ihr ist Autonomie ebenso wichtig wie Hector, darum möchte sie nicht zu sehr auf ihn fixiert sein. Sie erlebt eine große Ambivalenz. Einerseits braucht sie ihn, um ihr Nähe-Konto aufzufüllen. Anderseits möchte sie nicht darum betteln, um nicht zu abhängig von ihm zu werden. Beide stecken in einem Dilemma.

Was können die beiden tun oder lassen?

Zwei gegensätzliche Wünsche treffen aufeinander: das Nähebedürfnis von Nelli und das Distanzbedürfnis von Hector. Da ist kein Gleichklang zu erwarten. Beide Bedürfnisse sind schwer zu synchronisieren, denn Hector sucht seinen eigenen Rhythmus, während Nelli einen gemeinsamen Rhythmus anstrebt. Dadurch entsteht eine innere Distanz, weil beide sich innerlich zurücknehmen und vorsichtig sind. So betrachtet ist Nelli zumindest in dieser Situation abhängiger von Hector als umgekehrt. Die Gefahr, in dieser Konstellation den Kontakt zueinander zu verlieren, ist groß. Beide müssen etwas riskieren und loslassen, wenn sie sich aufeinander einschwingen möchten.

Zum Glück spüren beide, wie wichtig sie sich gegenseitig sind. In der Nachbesprechung ihrer Aufstellungen wird deutlich, wie dankbar beide sind, einander zu haben. Sie sind nicht allein. Zu spüren, dass sie miteinander verbunden sind und sein wollen, hat beide beruhigt. Sie befinden sich zwar in unterschiedlichen emotionalen Verfassungen, haben jedoch ein gemeinsames Interesse: Sie möchten etwas für ihre Beziehung tun!

Für Hector und Nelli ist es wichtig, ihre Unterschiedlichkeit im Erleben von Nähe anzuerkennen. Auch wenn diese Situation kritisch ist, begegnen sie einander mit Wohlwollen. Ein Prise Humor hilft ihnen, ihre Emotionen zu entdramatisieren:

Nelli: *Ich bin verwirrt, weil ich Hectors Nähe-Konto anscheinend aufgefüllt habe, ohne es zu merken. Wenn es bei ihm überläuft, scheine ich wohl eine große Nähe-Quelle in mir zu tragen.*

Hector: *Ich bin mindestens genauso verwirrt. Ich dachte, dir durch das Händchenhalten viel Nähe zu geben, aber anscheinend ist alles versiegt. Warum ist das nicht auf deinem Nähe-Konto angekommen? War das eine Fehlüberweisung?*

Eine Lösung aushandeln

Nelli und Hector haben jetzt verstanden, welche Ängste im Spiel sind und dass beide gute Gründe für ihre Bedürfnisse haben. Sie wollen lernen, diese besser zu synchronisieren, und entscheiden sich dafür, pragmatisch vorzugehen, indem sie ihre Erwartungen an die abendliche Situation vor dem Einschlafen klären.

Nelli: *Mir würde es helfen, wenn wir klarer miteinander kommunizieren. Sag mir doch bitte, bevor du ins Bett gehst, wonach dir ist. Ich würde dich dann aber gern fünf Minuten für mich haben und dich spüren. Wir können uns Arm in Arm hinlegen und dann kannst du von mir aus weiterlesen.*

Hector: *Ich brauche tatsächlich zehn Minuten für mich, bevor du dich dazulegst, und vielleicht sogar noch, wenn du schon eingeschlafen bist. Vielleicht ist es ja gar nicht gut, wenn wir tagsüber Händchenhalten, wenn du innerlich ganz woanders bist.*

Nelli: *Gut, ich könnte versuchen, dir zu sagen, was mich beschäftigt. Ich wünsche mir trotzdem, dass du zum Kuscheln kommst und es aktiv anbietest. Ich will dir nicht hinterherlaufen müssen.*

Hector: *Für mich ist es eine große Überwindung, dir etwas anzubieten, wonach mir gar nicht ist. Ich finde, jeder sollte Verantwortung für sich selbst übernehmen.*

Nelli: *Das tun wir ja. Aber wenn jeder wie ein trotziges Kind auf seinem Recht besteht, kommen wir nicht weiter.*

In diesem Konflikt gibt es keine Ideallösung, sondern lediglich schlechte oder gute Kompromisse. Nelli hat recht, wenn sie sagt, dass es keine Entwicklung gibt, wenn sich beide „eintrotzen". Der Weg zu mehr Zufriedenheit beinhaltet die Bereitschaft, die Ängste des anderen nachzuvollziehen und dessen Bedürfnisse wohlwollend zu betrachten. Dann steigt die Wahrscheinlichkeit, dass die Synchronisation zumindest zeitweise gelingt.

2.6 Distanz durch Erschöpfung

„Wir sind beide fertig!“

Stellen Sie sich folgende Situation vor:

Aus der Ferne beobachten Sie zwei Menschen, die auf dem offenen Meer um ihr Überleben kämpfen. Beide laufen Gefahr zu ertrinken. Sie strampeln mit den Beinen, um den Kopf über Wasser halten zu können, und schnappen panisch nach Luft. Sich aneinanderzuklammern macht die Sache nur noch schlimmer. Es ist zu befürchten, dass der eine den anderen mit in die Tiefe reißt. Verständlicherweise schreien beide um Hilfe und hoffen, der andere könne ihn retten. All dies kostet enorm viel Kraft.

Jetzt zoomen Sie mit der Kamera und einem Richtmikrofon näher an die Szene heran und können hören, was gesprochen wird. Erstaunt stellen Sie fest, dass beide lautstark den Wunsch äußern, der andere solle bitte empathisch zum Ausdruck bringen, dass er sehe, wie schlecht es einem selbst gehe und wie erschöpft man sei.

Beide erwarten sanftes Mitgefühl in einer Situation, in der jeder um sein Überleben kämpft. Beide sind enttäuscht und beginnen lautstark, sich deswegen heftige Vorwürfe zu machen. Obwohl sie unterstützende Nähe suchen, entfernen sie sich dadurch emotional immer weiter.

Kommt Ihnen das möglicherweise seltsam vor?

Zugegeben, dieses Szenario erscheint absurd. Gleichwohl dient es als Sinnbild für die manchmal raue See des Beziehungsalltags, wenn beide Partner erschöpft und emotional überfordert sind. Dann suchen sie den Anker im Partner, der den benötigten Halt jedoch nicht geben kann, weil er genauso auf Entlastung und Verständnis hofft.

Ich kann nicht mehr – ich auch nicht!

Pedro und Fiora sind seit zehn Jahren zusammen. Sie haben einen zweijährigen Sohn und eine drei Monate alte Tochter. Pedro arbeitet Vollzeit. In seinem Job gibt es Probleme. Er ist unzufrieden und grübelt nachts, was er tun kann.

Fiora versorgt die Kinder. Sie versucht, ihrem Mann den Rücken freizuhalten, indem sie sich nachts allein um die Kinder kümmert. Ihre Nächte sind kurz. An Schlaf ist nur in kleinen Intervallen zu denken. Entsprechend unausgeschlafen und dünnhäutig ist sie am Morgen. Sie hofft, dass Pedro zumindest morgens nach dem Aufstehen die Kinder für eine Weile ungefragt übernimmt. Beide sind aus unterschiedlichen Gründen übermüdet. Sie gehen auf dem Zahnfleisch. Ihre Gespräche verlaufen gereizt und unbefriedigend (vgl. Abb. 2.6).

FIORA: *Wir haben uns schon immer heftig gestritten. Durch die zunehmenden Belastungen und die Kinder ist es extremer geworden. Es kränkt mich, wenn du sagst, ich sei unsensibel.*

PEDRO: *Ich bin noch gar nicht richtig wach und schon hältst du mir unsere Kinder hin. Das ist wie ein Befehl – nimm sie jetzt und sofort!*

FIORA: *Ja, weil ich nicht mehr kann, wenn ich nachts kaum geschlafen habe!*

PEDRO: *Ich schlafe auch schlecht! Ich bin auch am Limit und kaputt.*

FIORA: *Du konntest immerhin schlafen, ich habe gar keine Wahl!*

PEDRO: *Mir kommt es so vor, als wäre deine Erschöpfung höherwertiger als meine.*

FIORA: *Du hörst mit deinen Vorwürfen auch dann nicht auf, wenn ich sage, dass ich zu müde bin und nicht mehr kann.*

Abbildung 2.6: Erschöpfung führt zu Empathie-Müdigkeit und Überforderung, Vorwürfen und eskalierendem Streit

Beide erleben, wie sinnlos es ist, darüber zu streiten, wessen Erschöpfung gerechtfertigter ist. Wie die beiden Ertrinkenden vom Anfang dieses Kapitels verlieren sie immer mehr Kraft. Sie schwächen sich gegenseitig, statt sich zu stärken. Sie kommen sich nicht näher, sondern entfernen sich voneinander. Sie kämpfen um die Ressourcen, über die der andere in der aktuellen Situation nicht mehr verfügt. Es wird deutlich, dass sie sich Zuspruch und Verständnis für den großen Stress als Eltern von zwei kleinen Kindern zumindest teilweise außerhalb der Beziehung bei Freunden suchen müssen. Und noch andere Dinge spielen eine Rolle.

Ich kann nicht liebevoll sein, wenn ich gefrustet bin

Pedro: *Wenn du mir Regieanweisungen gibst, was ich sagen soll, komme ich mir veralbert vor.*

Fiora: *Warum? Was ist so schwer daran, einfach zu sagen „Ich verstehe, dass du übermüdet bist und Ruhe brauchst"? Das allein würde schon guttun und Druck rausnehmen.*

Fiora versucht, eine Brücke zu bauen, und macht einen konkreten Vorschlag, der bei Pedro jedoch zunächst auf Abwehr stößt.

Pedro: *Mir kommt es so vor, als wäre ich schuld daran, dass du nicht so sein und machen kannst, wie du es möchtest. Außerdem bist du mir gegenüber sehr unfreundlich. Wenn du mit einer Freundin telefonierst, kannst du sekundenschnell umschalten. Dann bist zugewandt und nett. Manchmal frage ich mich, ob du mich eigentlich liebst, wenn du so drauf bist.*

Fiora: *Ich kann aber nicht liebevoll sein, wenn ich gefrustet und ausgelaugt bin. Ich weiß, dass ich dich unter Druck setze. Ich setze mich ja auch unter Druck und will alles schaffen.*

Beide haben berechtigte Wünsche. Sie stehen nachvollziehbar unter Druck, denn die Situation mit zwei kleinen Kindern ist fraglos belastend und stressbehaftet. Doch in ihren Worten schwingen Themen mit, die ihren Konflikt emotional zusätzlich anheizen. Unter der Oberfläche liegen alte Verletzungen, die ihren Ursprung in ihren Kindheitserfahrungen haben.

Pedro zweifelt an seinem Liebeswert und plagt sich mit Schuldgedanken. So, wie er es bereits als Kind tat, wenn die Mutter gereizt reagierte, weil er etwas von ihr wollte. Als er acht war, verließ sie seinen Vater. Schuld an einem Konflikt zu sein widerstrebt ihm. Er möchte seine Schuldgefühle loswerden und reagiert bereits auf den Hauch einer Schuldzuweisung allergisch.

Fiora setzt sich selbst enorm unter Druck. Auch dieses Muster hat eine Geschichte.

Fiora: *Wenn Pedro sagt, er sei ebenfalls müde, höre ich immer: Stell dich nicht so an! Das kenne ich von meinem Vater. Wenn ich mal etwas nicht konnte oder erschöpft war, wurde ich abgebügelt und bekam zu hören: „Deine Schwester schafft das doch auch!"*

Vor diesem Hintergrund werden ihre Sehnsüchte verständlicher.

Fiora: *Ich will einfach mal schlecht drauf sein dürfen, ohne dafür verurteilt zu werden.*

Pedro: *Und ich nicht schuld an der ganzen Misere sein.*

Wir sitzen im gleichen Boot

Sie verstehen jetzt besser, dass sie unter Stress die wunden Punkte des anderen berühren. Dadurch vollziehen sie einen wichtigen Schritt. Beide erkennen an, dass das Kind in ihnen mit im Spiel ist. Und dass sie als Erwachsene ihre Kräfte schonen und sinnvoll einsetzen müssen. Das bringt sie näher zueinander, weil sie verstehen, dass sie im gleichen Boot sitzen. Weitere Vorwürfe und Kränkungen würden das Boot zum Sinken bringen. Die Gefahr, emotional zu ertrinken und auseinandergetrieben zu werden, würde steigen. Die tiefgreifende Erschöpfung und der negative Umgang damit haben Distanz geschaffen. Diese Erkenntnisse bringen eine erste Entlastung und lassen sie sanfter werden. Sie kommen sich (wieder) näher.

Allerdings müssen konkrete Lösungen gefunden werden. Schließlich sind sie als Erwachsene in ihrer Elternrolle und als Partner verantwortlich für den Umgang mit den knappen Ressourcen. Pedro ist bereit, kurzfristig einen Teil seiner Urlaubstage für die Familie zu nutzen und künftig seine Arbeitszeit zu reduzieren. Fiora will ihre Mutter stärker in die Kinderbetreuung einbinden. Als Erste-Hilfe-Maßnahme beschließen sie, die fruchtlosen Dialoge mit gegenseitigen Vorwürfen zu beenden. Stattdessen wollen sie üben, sich gegenseitig Verständnis zu signalisieren und sich gegenseitig zu ermutigen.

PEDRO: *Die Idee mit der Regieanweisung ist im Grunde okay. Wir wollen schließlich ein neues Drehbuch für uns schreiben. Den Satz „Wir schaffen das!" können wir beide gebrauchen. Und ich verstehe Fiora ja wirklich, weil es mir genauso geht.*

FIORA: *Ja, wir probieren es aus, diese „Zauberworte" auszusprechen. Nach denen kann man greifen wie nach einem Strohhalm, wenn alles den Bach runtergeht. Wir akzeptieren, dass es uns ähnlich geht, und wir sprechen die Wahrheit aus – wir ertrinken beide und sind beide mit den Nerven am Ende!*

Reflexion

1. Kenne ich Phasen, in denen wir beide in unserer Beziehung erschöpft sind?
2. Wie gehen wir dann miteinander um?
3. Welche Signale und Botschaften stärken mich, wenn ich erschöpft bin?

Wenn wir erschöpft sind, stärken wir uns durch ermutigende Signale und Worte.

2.7 Distanz durch Projektionen und „falsches Lesen“ des Partners

Ich weiß (nicht), was du denkst

In einer längeren Beziehung bleibt es nicht aus, dass man sich „aneinander abarbeitet“. Es tauchen wie aus dem Nichts Themen auf, die einen emotional aufwühlen, ärgern oder verletzten. Dann sehen wir im anderen Eigenschaften und Denkweisen, die uns befremden und von denen wir nie dachten, dass es sie gibt. Wir glauben zu wissen, wie der Partner wirklich ist. Sind es gute Eigenschaften, wollen wir mehr davon erleben oder wünschen uns, wir wären genauso. Sind es vermeintlich schlechte Eigenschaften, neigen wir dazu, sie zu bekämpfen. Wir möchten, dass sie verschwinden und uns nicht mehr belästigen.

In dieser Auseinandersetzung kommen Projektionen ins Spiel. Der Partner wird zu einer Art Sündenbock, der die Schuld an den bestehenden Schwierigkeiten trägt. In dieser Dynamik ist besondere Vorsicht geboten, denn es könnte sein, dass wir eine verdrängte Seite von uns selbst oder Erfahrungen, die wir in früheren Beziehungen gemacht haben, in den anderen hineinprojizieren. Der Partner wird dann zur Leinwand, auf die wir unseren inneren Film übertragen. Der Film und der Projektor befinden sich allerdings in unserer Innenwelt, doch sie haben erhebliche Folgen auf die äußere Realität. Statt sich an die eigene Nase zu fassen, hadern wir mit den Unzulänglichkeiten des Partners.

Beide gehen auf Distanz

In uns selbst ist selbstverständlich nur das Gute. Das Schlechte, Böse und Unmögliche existiert nur außerhalb von uns. Das ist die Grundannahme des Projizierenden. Er „liest“ die Gedanken, Äußerungen und die Körpersprache des Partners passend zu dem Skript, das er in sich trägt. „Wusste ich doch, dass du so bist!“ Durch diesen Mechanismus wird Nähe verhindert, weil beide Seiten auf Distanz gehen. Der vermeintliche „Sündenbock“ tut dies, weil er sich nicht korrekt gesehen fühlt, der Projizierende, weil er sich von den unguten Eigenschaften abgestoßen fühlt. Gegenseitige Vorwürfe und negative Du-Botschaften führen zur emotionalen Eskalation:

Sandra: *Du guckst immer so kritisch!* – Alexander: *Du bist viel zu sensibel und legst ständig alles auf die Goldwaage.*

Sabrina: *Immer hast du an mir was auszusetzen!* – Eva-Maria: *Du bist viel zu egoistisch und zu sehr von dir überzeugt!*

Nicola: *Du hast keine Empathie und bist gefühlskalt!* – Karsten: *Du bist viel zu emotional!*

Der Blick in den Spiegel

Selbstverständlich kann es sein, dass der Partner die ihm zugeschriebenen Eigenschaften tatsächlich an den Tag legt. Eine Projektion erkennt man in der Regel an der Intensität der eigenen emotionalen Reaktion. Dies ist mit großer Zuverlässigkeit ein Hinweis darauf, dass man den Splitter im Auge des anderen sieht, aber nicht den Balken im eigenen.

In den obigen Beispielen sind es vorwiegend Eigenschaften, die in der Projektion moniert werden. Die kritische Frage an sich selbst könnte lauten: Handelt es sich dabei möglicherweise um meine Schattenseiten? Denn nicht selten werden geleugnete Selbstanteile in den anderen „hineingeguckt". Die zitierten Paare könnten sich beispielsweise fragen:

SANDRA: „*Könnte es sein, dass der vermeintliche kritische Blick von Alexander ein Hinweis auf die kritische Stimme in mir selbst ist? Verlagere ich meine Zweifel, meinen perfektionistischen Anteil oder einen verurteilenden inneren Kritiker in die Augen meines Partners?*"

ALEXANDER: „*Begegnet mir im Verhalten Sandras eine Empfindsamkeit und Verletzlichkeit, die ich bei mir selbst noch nicht kennengelernt oder zugelassen habe?*"

SABRINA: „*Nehme ich mich zu sehr zurück und schlucke meine Unzufriedenheit runter, weil ich Ablehnung fürchte, wenn ich auch mal Kritik übe?*"

EVA-MARIA: „*War ich bislang immer zu rücksichtsvoll und beschwere mich über den Egoismus von Sabrina, den ich mir selber noch nicht zugestehe?*"

NICOLA: „*Habe ich noch gar nicht bemerkt, dass ich ebenfalls sehr kalt und abweisend sein kann?*"

KARSTEN: „*Beschwere ich mich über die Intensität der Gefühle, weil ich mich selbst noch nicht getraut habe, mehr Gefühle zu zeigen?*"

Differenzierung fördert die Nähe

Gelingt es, diese Überlegung zuzulassen und als Anlass für eine vertiefte Selbsterforschung zu nutzen, fördert dies die persönliche Entwicklung. Man kommt sich selbst näher. Die dem Partner zugeschriebenen negativen Eigenschaften bei sich selbst anzuerkennen entmachtet die Projektion. Gelingt es, diesen abgewehrten Selbstanteil zu integrieren, kann er sogar gute Dienste tun.

Abgeleitet von den genannten Beispielen könnten die Betreffenden beispielsweise lernen, eine gute Selbstkritik zu entwickeln oder Kritik nicht als Angriff, sondern als wichtige Anregung für eine Veränderung zu verstehen. Sie könnten Verletzlichkeit und Sensibilität als wertvolle und bereichernde Fähigkeiten begreifen, die eine Beziehung vertiefen und dadurch mehr Intimität und Nähe ermöglichen. Oder einsehen, dass es in manchen Situationen durchaus von Vorteil sein kann, kühl und abweisend zu sein, um sich zu schützen und nicht verletzt zu werden.

Altes Drehbuch, alter Film

In einer anderen Projektionsvariante übertragen wir Beziehungserfahrungen, die wir mit anderen Bezugspersonen gemacht haben (vgl. Abb. 2.7). Manchmal werden diese sogar explizit genannt:

ERIKA: *„Du verhältst dich wie meine Mutter! Fällst mir ständig ins Wort und lässt mich nicht ausreden."*

ROBERT: *„Hör endlich auf, mich erziehen zu wollen. Du kommst mir vor wie ein Oberlehrer. So war mein Stiefvater auch!"*

BRITTA: *„Du bist schlimmer als meine Schwester. Die hat sich auch immer nur verwöhnen lassen und von sich aus gar nichts gemacht!"*

Diese Projektionen haben den Vorteil, dass sie ihre Herkunft bereits in den gewählten Formulierungen verraten. Es liegt auf der Hand, dass unverarbeitete Konflikte ans Licht der Projektionsleinwand drängen. Es läuft ein alter Film ab, dessen Inhalt wenig mit dem Partner zu tun hat. Im Drehbuch dieses Films sind die unguten Erfahrungen und daraus resultierenden Überzeugungen festgeschrieben. In den genannten Beispielen sind das die folgenden Erfahrungen:

ERIKA: *„Meiner Mutter hat mir nie Liebe entgegengebracht. Stattdessen hat sie oft geschrien und mich für alles verantwortlich gemacht. Ich war die Dumme und Nervige, die ihr das Leben schwer macht."*

Überzeugungen: Ich bin nicht liebenswert. Ich habe kein Recht auf meine Bedürfnisse. Ich bin eine Last. Ich bin schuld. Ich bin für das Wohlergehen anderer verantwortlich.

ROBERT: *„Mein Stiefvater wusste immer alles besser. Er sprach immer von oben herab und machte mich klein. Ich kam mir erniedrigt vor und hatte den Eindruck, seine Liebe nicht zu verdienen. Er machte ständig Druck und forderte mich auf, besser zuzuhören und zu lernen."*

Überzeugungen: Ich muss mich unterwerfen, um keinen Ärger zu bekommen. Ich muss mich anstrengen und etwas leisten, um Liebe zu verdienen.

BRITTA: *„Meine Schwester war das Lieblingskind meiner Eltern. Sie wurde bevorzugt. Sie konnte tun, was sie wollte, und wurde mit Wohlwollen betrachtet. Wenn sie* *nörgelte oder bockig war, konnte sie meine Eltern mit einem niedlichen und unschuldigen Lächeln um den Finger wickeln. Mir wurde vermittelt, ich soll vernünftig sein und für alles Verständnis haben. Sie bekam die Zuwendung, ich die Kritik und die Verantwortung.“*

Überzeugungen: Ich komme immer zu kurz. Ich bin für alles verantwortlich. Es geht nicht gerecht zu. Andere bekommen mehr Zuwendung als ich.

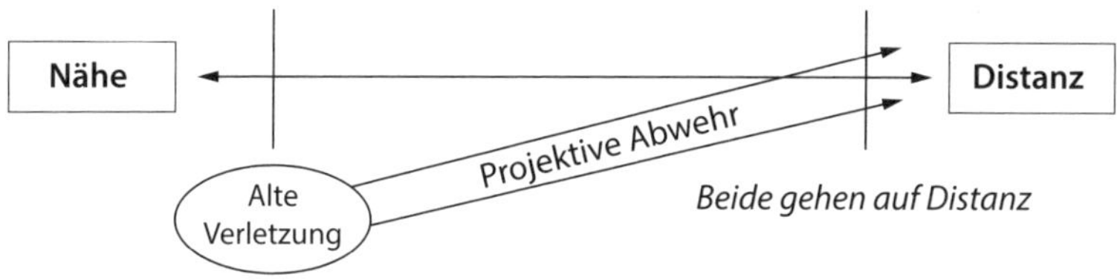

Abbildung 2.7: Emotionale Nähe zu schmerzhaften früheren Beziehungserfahrungen führt zu projektiver Abwehr, Angst, Aggression und Gegenaggression

An Projektionen wachsen

Die Psychoanalyse spricht von der „Tragik des Wiederholungszwangs“. Damit ist gemeint, dass sich schmerzhafte Erfahrungen in einer Beziehung wiederbeleben oder unbewusst sogar gesucht werden. Doch warum ist das so? Ich vermute, es handelt sich bei diesen Projektionen um einen Selbstheilungsversuch. Im Grunde wollen wir uns von diesen traumatischen Erfahrungen lösen, um frei für bessere Beziehungserfahrungen zu werden. Das ist möglich. Allerdings gelingt dies nur über eine bewusste Auseinandersetzung und das Zulassen der schmerzhaften Gefühle. Die Trauer und Wut über das, was schiefgelaufen ist, benötigen Aufmerksamkeit und Verständnis. Erst wenn der alte Schmerz gewürdigt wurde, wird Energie für neue Erfahrungen möglich. Exemplarisch spricht Erika für viele, die diesen Prozess durchlaufen haben:

Ich wollte es lange Zeit nicht wahrhaben, dass mein Partner mir eine alte Erfahrung spiegelt. Ich war überzeugt, der ist wirklich gemein und rücksichtslos. So, als wäre ich wirklich schuld an allem. Mein Selbstwert war im Keller. Ich habe dagegen angekämpft wie ein verletztes Tier. Irgendwann habe ich eingesehen, dass ich einen Stellvertreterkrieg geführt habe.

Dann brach der alte Schmerz aus mir heraus und ich habe verstanden, dass er seinen Ursprung in den Zurückweisungen und Kränkungen durch meine Mutter hatte. Meine Wut hat mir Kraft gegeben, aber erst die Trauer hat mir ermöglicht loszulassen.

Ich war überrascht, als mein Partner mir erzählte, dass meine heftige Wut auch in ihm wunde Punkte berührt hat. Bei ihm wurden Ohnmachtsgefühle und Hilflosigkeit getriggert, weil er mich nicht erreichen konnte.

Es hat zwar etwas gedauert, das alles zu verarbeiten, aber mittlerweile profitieren wir beide davon. Wir haben unsere „Altlasten" entsorgt und mehr Abstand dazu gewonnen. Dadurch können wir entspannter miteinander umgehen und unsere Energie fließt wieder.

Die Erfahrungen von Erika beschreiben, wie mühsam es sein kann, Projektionen aufzulösen. Doch sie zeigen auch, dass es sich lohnt. Die differenzierte und bewusste Auseinandersetzung entlastet letztlich auch den Partner. Er muss sich nicht mehr verteidigen und schützen. Es wird möglich, sich wieder näherzukommen.

Reflexion

1. Welche Eigenschaften und Verhaltensweisen stören mich bei meinem Partner am meisten?
2. Was genau lösen sie in mir für Gefühle aus?
3. Kenne ich diese Gefühle aus früheren Beziehungen oder meiner Kindheit bzw. Jugend?
4. Welche *meiner* Eigenschaften und Verhaltensweisen stören meinen Partner am meisten?

Ich kann lernen, meine Projektionen zu erkennen und zurückzunehmen. Davon profitieren wir beide.

3. Was Distanz erzeugt – wie Sie Ihren Partner garantiert auf Abstand halten

Zur Abwehr von Nähe gibt es viele Strategien. Manche wirken harmlos, andere sind feindselig. Die wichtigsten habe ich zusammentragen – in Form einer Anleitung, wie Sie Ihren Partner garantiert verprellen. Einige der folgenden Beobachtungen verdanke ich der Paartherapeutin Dr. Anke Birnbaum und Prof. Guy Bodenmann von der Universität Zürich. Sollte Ihnen die ein oder andere bekannt vorkommen, nutzen Sie die Gelegenheit, um mit Ihrem Partner darüber zu sprechen. Bedenken Sie, dass sich hinter diesen Abwehrmaßnahmen meist Ängste und frustrierte Bedürfnisse befinden. Es sind weichere Gefühle und verletzliche Seiten, die gut dahinter verborgen werden.

Rückzug und Nichtbeachtung

- Vermeiden Sie Körperkontakt!
- Tauschen Sie keine zärtlichen Gesten, liebevollen Blicke oder Worte aus!
- Ignorieren Sie ihn, als wäre der Partner Luft!
- Schweigen Sie, um den Partner zu bestrafen!
- Verweigern Sie das Gespräch, hören Sie einfach nicht zu!
- Sprechen Sie in Gegenwart Dritter nur mit diesen!
- Seien Sie unaufmerksam!
- Tun Sie so, als gäbe es keine Konflikte!

Provokative Gespräche

- Setzen Sie schroff Grenzen und weisen Sie alle Belange des Partners zurück!
- Stellen Sie inquisitorische Fragen, die der andere nicht beantworten kann!
- Klagen Sie Ihren Partner an und drängen Sie ihn in die Enge!
- Fallen Sie ihm ständig ins Wort!
- Äußern Sie Drohungen!
- Verallgemeinern Sie durch Worte wie *immer, ständig, andauernd, nie ...!*

Abwehrender Gesprächsstil

- Lehnen Sie Verantwortung ab!
- Mauern Sie und starten Sie Gegenvorwürfe!
- Begeben Sie sich anhaltend in eine Verteidigungshaltung!
- Lassen Sie Ihren Partner nicht an sich heran!
- Bleiben Sie nicht beim Thema, sondern schweifen Sie ab!
- Beharren Sie auf dem eigenen Standpunkt!
- Zeigen Sie kein Verständnis für die Sicht des Partners!
- Gehen Sie keine Kompromisse ein!

Verächtliche und entwertende Kommunikation

- Machen Sie verächtliche Witze und zynische Bemerkungen!
- Machen Sie Ihren Partner lächerlich, beschämen Sie ihn!
- Machen Sie immer wieder Vorhaltungen!
- Machen Sie ihn klein und erniedrigen Sie ihn!
- Verdrehen Sie die Augen, wenn er mit Ihnen spricht!
- Verwenden Sie abfällige Gesten und eine ablehnende Körpersprache!
- Nutzen Sie intimes Wissen gegen den Partner!
- Machen Sie den Charakter Ihres Partners schlecht!
- Verwenden Sie negative Du-Botschaften!

Abstoßende Gedanken und störendes Verhalten

- Äußern Sie extreme und menschverachtende Einstellungen!
- Teilen Sie abstoßende Gedanken und Fantasien mit!
- Entwickeln Sie schlechte Manieren und Umgangsformen!
- Verzichten Sie auf gute Hygiene!
- Verwenden Sie eine ordinäre oder kindliche Sprache!
- Lassen Sie Stress, der außerhalb der Beziehung entstanden ist, an Ihrem Partner aus!
- Benutzen Sie ihn als Blitzableiter, Fußmatte oder Prügelknaben!

Unreflektierte Projektionen

- Sehen Sie in Ihrem Partner nur das Negative!
- Idealisieren Sie Ihren Partner, machen Sie ihn besser, als er ist!

Konditionierte Nähe-Distanz-Regulation

- Geben Sie Nähe nur bei Wohlverhalten oder Unterwerfung!
- Lassen Sie ihn um Nähe betteln und am langen Arm verhungern!
- Geben Sie Zuwendung und Liebe nur als Gegenleistung für Sex!
- Lassen Sie sich bewundern, aber geben Sie keine Wertschätzung!
- Zeigen Sie Interesse für den Partner nur, wenn er an Ihnen Interesse zeigt!
- Stimmen Sie ihm nur zu, wenn er Ihnen zustimmt!

Zwei der weltweit renommiertesten Paarforscher, Julie und Paul Gottman, haben durch die Auswertung Hunderter Interviews und Paar-Videos wissenschaftlich belegt, dass sich zufriedene Paare in einem Punkt ganz wesentlich von unzufriedenen unterscheiden. Das Verhältnis von positiver, zugewandter Kommunikation zu negativen Interaktionen beträgt mindestens 5:1. Bei den unzufriedenen Paaren sind die negativen Berührungspunkte relativ gesehen häufiger. Das Verhältnis liegt dann bei 1:3 oder 1:5. Das heißt: Auf eine positive Aussage (Lob, Kompliment, Liebesäußerung) folgen drei bis fünf negative Signale.

Desinteresse, abwehrende Körpersprache und geringschätzende Äußerungen schaffen Distanz. Außerdem ist die 5:1-Regel auch in Konflikten wirksam. Um die emotionale Distanz nach einer negativen Interaktion mit einem Partner wieder auszugleichen, ist es nicht mit einer kleinen Streicheleinheit oder Entschuldigung getan. Erst mindestens fünf ernst gemeinte positive Interaktionen lassen wieder Frieden einkehren.

Reflexion

1. Welch der genannten Nähe-Abwehr-Maßnahmen kenne ich aus eigener Erfahrung?
2. Habe ich schon einmal selber so agiert?
3. Ist es mir und uns gelungen, diese Verhaltensweisen zu ändern?

Ich beobachte mein abwehrendes oder aggressives Verhalten und halte inne, um besser zu verstehen, was sich dahinter verbirgt.

4. | Die gute Nähe

Lagom
Nicht zu wenig, nicht zu viel, genau richtig!
(Aus dem Schwedischen)

4.1 Warum Nähe für eine gute Beziehung wichtig ist

Nähe aus der Nähe betrachtet

Auf ganz unterschiedliche Weise versuchen Paare, die Balance von Nähe und Distanz aufrechtzuerhalten oder wiederherzustellen. In diesem Zusammenhang ist es spannend, einen Blick darauf werfen, welche vielfältigen Bedeutungen Nähe haben kann. Denn diese Facetten der Nähe werden Ihnen im Beziehungsalltag immer wieder begegnen.

Nähe in all ihren Spielarten begleitet uns von Anfang an, denn wohlwollende Nähe ist für unsere Entwicklung äußerst bedeutsam. Als biologische Frühgeburten sind wir am Beginn des Lebens existenziell von der Fürsorge und Nähebereitschaft unserer Bezugspersonen abhängig. Wir benötigen nicht nur die zuverlässige Versorgung mit Nahrung, sondern emotionale Nahrung, die uns seelisch füttert: Augen, die lächeln und sagen: „Du bist willkommen. Schön, dass es dich gibt!“ Hände, die uns behutsam tragen und die Botschaft vermitteln: „Ich bin für dich da. Ich passe auf dich auf und beschütze dich.“ Worte, die dem neuen Erdenbürger mit Freude und Wertschätzung begegnen: „Wir freuen uns über dich. Wie schön du bist. Wir stellen uns auf deine Bedürfnisse ein.“ Gesten, Mimik und Töne, die uns spiegeln, Kontakt herstellen, Impulse aufnehmen und wiedergeben. Wohlwollende Resonanz auf allen Ebenen, die positive Energie verströmt: „Wir nehmen auf, was du mitbringst, und freuen uns auf den Dialog mit dir. Wir antworten auf deine Blicke, deine Töne, dein Weinen und Lachen. Du bist uns wichtig.“

Für unser Überleben ist es unerlässlich, Nähe herzustellen. Zum Glück verfügen wir über die Fähigkeit, Nähe aufzubauen, indem wir mit allen Sinnen Kontakt zu den Fürsorge gebenden Menschen aufnehmen. Diese Grunderfahrungen begleiten uns ein Leben lang und sind später auch für jede Partnerschaft essenziell. Betrachten wir zunächst, was Nähe so wertvoll macht. Dazu habe ich Äußerungen von Paaren zusammengetragen. Eine kleine Auswahl ihrer Beschreibungen von Nähe stelle ich

Ihnen vor. Für eine bessere Lesbarkeit habe ich die Gespräche gekürzt auf ihre Essenz wiedergegeben.

Warum Nähe guttut

1. Wärme und Kontakt erleben

Am unmittelbarsten wird in der körperlichen Nähe die Wärme des Partners empfunden. Wir entspannen uns und genießen den vertrauten Körper, das gemeinsame Atmen.

Daniela: *Ich mag es, wenn wir morgens zusammenliegen und uns spüren. Wenn Eric seine Hand auf meinen Bauch legt und wir zusammen atmen, entsteht ein Wärmekraftfeld, an dem ich auftanke.*

Eric: *Ja, für mich ist es ähnlich. Ich würde es eher wie ein Wärmebad beschreiben, in dem ich loslassen und entspannen kann.*

Im Nähefeld des anderen befinden wir uns am Kaminfeuer der Beziehung. Dort können wir entspannen, regenerieren und zur Ruhe kommen. Wir sind nicht allein und miteinander im Kontakt. Doch die körperliche Nähe ist weit mehr.

Reflexion

1. Was genieße ich an der Nähe am meisten?
2. Wie gestalten wir unsere körperlichen Begegnungen?
3. Welche Erfahrungen sorgen für ein warmes Gefühl im Bauch oder im Herzen?

In der Nähe und Wärme unserer Beziehung können wir entspannen und auftanken.

2. Geborgenheit und Vertrauen entwickeln

Erfahren wir wohlwollende Nähe, erleben wir zugleich seelische und emotionale Wärme, die uns gedeihen lässt. Liebevolle Nähe schenkt Vertrauen und beruhigt. Ängste werden kleiner, treten in den Hintergrund oder lösen sich ganz oder für eine Weile auf. Im besten Fall entwickeln wir Vertrauen und Zuversicht.

DANIELA: *In diesen Momenten des Zusammenseins denke ich, mir kann nichts passieren. Ich nehme einen Schluck aus der Selbstwertpulle und glaube an mich und meine Kraft.*

ERIC: *Für mich entsteht ein Zuhausegefühl. Ich komme zur Ruhe.*

DANIELA: *Es ist wie ein Nest, in dem ich mich geborgen fühle. Ja, das trifft es. Und wir sind verbunden, das ist schön.*

Das Erleben emotionaler Wärme und Nähe ist zugleich die Voraussetzung für körperliche Nähe.

DANIELA: *Wenn Eric gestresst ist, ist er weit weg. Dann kann ich ihn gefühlsmäßig kaum erreichen. Mir ist dann nicht nach Sex. Ich muss ihn spüren und ihm emotional nah sein. Erst wenn es eine Brücke zwischen uns gibt und die Verbindung wiederhergestellt ist, kann ich wieder mit ihm schlafen.*

ERIC: *Ich weiß, dass Daniela so empfindet. Doch manchmal würde mir die Körperlichkeit auch helfen, ihr wieder nah zu sein. Sex ist für mich eben eine andere Art, Nähe herzustellen.*

Von der Umarmung bis zum intimen Sex ermöglicht Nähe viele Spielarten der Begegnung. Die gute Erfahrung emotionaler Nähe ist ein wichtiger Nährboden für eine Beziehung. Wir fühlen uns geschützt und sicher. Durch positive Erfahrungen von Nähe werden wir gestärkt. Diese Stärke nehmen wir mit in den Alltag. Sie unterstützt uns in der Auseinandersetzung mit den Widrigkeiten, die das Leben mit sich bringt, weil wir wissen, wir sind nicht allein. Die Gewissheit der vertrauten Nähe ist wie ein Hafen, den wir immer wieder ansteuern können.

Reflexion

1. In welchen Momenten fühle ich mich geborgen und gut aufgehoben?
2. Woran spüre ich, dass ich meinem Partner vertrauen kann?
3. Wann spüre ich am meisten Wohlwollen?

Jede liebevolle Umarmung schützt und bereichert unsere Beziehung.

3. Resonanz, Wertschätzung und Bedeutung erfahren

Erlauben wir uns, einander nah zu sein, machen wir wichtige Erfahrungen. Wir erleben uns wertgeschätzt, weil wir spüren, dass wir dem anderen wichtig sind. Erlauben wir unserem Partner, näher zu kommen, schenken wir ihm Vertrauen und zeigen ihm, dass er uns etwas bedeutet.

MIKE: *Ich konnte es am Anfang gar nicht glauben, dass Kristin sich für mich interessiert. Ich habe mich für unattraktiv gehalten und nicht so richtig an mich geglaubt. Mein Selbstwert war irgendwie im Keller.*

KRISTIN: *Mike war ziemlich schüchtern und zurückhaltend, das hat mich irritiert. Ich hatte schnell das Gefühl, dass er das gar nicht sein müsste. Aber ich habe mich in seiner Nähe trotzdem wohlgefühlt.*

MIKE: *Mir ging es ganz ähnlich, wir hatten schnell die gleiche Wellenlänge. Kristin hat mir den Eindruck vermittelt, dass sie mich ernst nimmt. Das hat mir gutgetan und tut mir immer wieder gut.*

KRISTIN: *Du bist nach einer schwierigen Anfangszeit zum Glück aufgetaut und nimmst mich genauso ernst. Sonst würde das nicht funktionieren. Ich spüre jedenfalls, dass ich dir auch wichtig bin.*

Kristin und Mike schildern eine weitere Facette der Nähe. Wird man mit Wohlwollen behandelt, erfährt man Wertschätzung und Respekt. Dadurch wird es leichter, sich aufeinander einzulassen.

KRISTIN: *Gefühle waren erst nicht so seine Stärke. Aber davon lebt eine Beziehung, mir ist das wichtig.*

MIKE: *Ich bin mehr der sachliche Typ, aber ich habe verstanden, wie wichtig Emotionen sind.*

KRISTIN: *Das klingt jetzt wirklich sachlich! Aber wir können mittlerweile besser aufnehmen, was der andere sagt und wie es ihm geht.*

MIKE: *Zumindest die Richtung stimmt. Manchmal weißt du früher als ich, was in mir eigentlich los ist. Aber ich bin auch besser geworden und kriege mit, wenn Kristin mal neben der Spur ist.*

An den Schilderungen der beiden wird deutlich, dass Nähe entsteht, wenn man sich wertgeschätzt, verstanden und wahrgenommen fühlt. Die Haltung „Ich sehe, wie es dir geht, und spreche es an“ baut eine Brücke zum Partner. Dann kann man sich gemeint fühlen, weil man unmittelbar angesprochen wird. Diese positive Resonanz ist wichtig, denn sie schafft Nähe und bringt glaubhaft das Interesse am Wohlergehen des Partners zum Ausdruck.

Reflexion

1. Wie erfahre ich Wertschätzung in meiner Beziehung?
2. Wie zeige ich meinem Partner, dass er mir etwas bedeutet?
3. In welchen Momenten schwingen wir gemeinsam?

> *Im liebevollen Kontakt schenken wir uns Wertschätzung und Zuversicht.*

4. Verbundenheit und Gewissheit spüren: Ich bin nicht allein!

Menschen, die in einer Beziehung leben, werden nachweislich älter. Der sichere Hafen der Zweisamkeit wird als beruhigend erlebt. Das Stresslevel sinkt, und die Abwehrkräfte werden stabilisiert. Umgekehrt kann die Anstrengung, sich alleine durchs Leben kämpfen zu müssen, überfordernd sein. Einsamkeit ist ein großer Risikofaktor für Depressionen. Die Sorge, niemanden an seiner Seite zu haben, ist emotional belastend. „Geteiltes Leid ist halbes Leid", weiß der Volksmund. Und: „Geteilte Freude ist doppelte Freude." Die Nähe zum Partner entspannt uns. Sie lindert sogar das Erleben von Schmerzen. Die Ausschüttung von Stresshormonen ist geringer, wenn jemand vor einem schmerzhaften ärztlichen Eingriff unsere Hand hält oder einfach nur anwesend ist. Eine stabile emotionale Beziehung ermöglicht Nähe, die uns körperlich und seelisch guttut.

Paul: *Ich war viele Jahre Single und habe fast alles mit mir alleine abgemacht. Ich habe in dieser Zeit nicht unbedingt eine Beziehung vermisst. Dann habe ich gemerkt, dass es doch schöner ist, Erfahrungen teilen zu können. Und wenn ich mal krank war, musste ich mich selbst versorgen. In solchen Momenten habe ich gespürt, dass mir etwas fehlt.*

Lisa: *Ich hatte mehrere kurze Beziehungen, die dauerten nie länger als ein halbes Jahr. Dazwischen gab es Phasen des Alleinseins. Irgendwann wurde das unbefriedigend, es gab keine Kontinuität.*

Paul: *Manchmal sehen wir uns in die Augen und dann spüre ich eine Verbindung.*

Lisa: *Ja, oft ist es nur eine kleine Geste oder Berührung, die mir guttut. Zu wissen, ich bin nicht mehr allein, lässt mich entspannter sein.*

Gemeinsamkeit und Verbundenheit schaffen eine Nähe, die durch Erfahrungen, Gespräche und nonverbalen Austausch entwickelt und verstetigt wird. Ein Paar benötigt diese Vergewisserung durch kleine Signale. Sie bauen Brücken zum Partner und stabilisieren den Halt. Sie bilden das Fundament und erhöhen die Tragfähigkeit einer Beziehung.

Reflexion

1. Was verbindet uns am meisten?
2. Wann tut es besonders gut, nicht allein zu sein?
3. Wann erlebe und wann gebe ich Unterstützung?

Wir stärken unsere Beziehung, indem wir uns austauschen, und freuen uns darüber, zusammen zu sein.

5. Vertiefung und Blick in den Spiegel erlauben

Sich aufeinander einzulassen und mehr Nähe zu erlauben trägt dazu bei, sich gegenseitig besser kennenzulernen. Unmerklich erfährt man nicht nur etwas vom Partner, sondern auch von sich selbst. Dies kann angenehm und unangenehm zugleich sein. Werden Aspekte und Seiten unserer Person positiv gespiegelt, freuen wir uns und erfahren Bestätigung. Erlebt der Partner Aspekte als schwierig oder unangenehm, kommen wir in Kontakt mit unseren Schattenseiten. Möglicherweise führt die größere Nähe dann dazu, dass schmerzhafte und wunde Punkte berührt werden, die wir doch bereits in den seelischen Keller verbannt hatten.

BEA: *Lutz meint, ich würde meinen Freunden gegenüber oft zu direkt und unsensibel sein. Das würde sie auf Distanz halten. Er würde sich sogar erschrecken, wenn ich ungefiltert meine Meinung sage.*

LUTZ: *Das stimmt. Ich finde, du siehst manchmal gar nicht, in welcher Verfassung sich der andere befindet. Die sagen bloß nichts, weil sie dich kennen.*

BEA: *Ich denke, die wissen schon, wie sich mich nehmen müssen. Aber jetzt bin ich verunsichert.*

LUTZ: *Bei mir machst du das hin und wieder auch. Ich zucke dann zusammen, weil ich eigentlich Mitgefühl erwarte, wenn ich dir von einer Unsicherheit erzähle.*

BEA: *Ich halte mich eigentlich für sensibel und mitfühlend, muss aber wohl anerkennen, dass es nicht immer so rüberkommt. Ich kenne das von meiner Mutter, die mich auch schnell im Gespräch abwürgt und ihre Kommentare abschießt. So wollte ich eigentlich nicht werden!*

Nähe fördert
unweigerlich die Selbsterkenntnis.

Nähe birgt ein Risiko, denn unser lieb gewonnenes Selbstbild wird ergänzt, korrigiert oder infrage gestellt. Die polierte Oberfläche glänzt dann etwas weniger, führt jedoch zu einer Vertiefung der Beziehung. Der Blick in den Spiegel ist durchaus wertvoll. Indem der Partner etwas erkennt und darauf reagiert, kommen vernachlässigte Seiten ans Licht. Nähe fördert unmerklich die Selbsterkenntnis. Sie kann wie ein Wachstumsbeschleuniger dazu führen, dass neue Seiten zum Vorschein kommen, die wir integrieren können. Nicht immer ruft man „Hurra!", denn in solchen Momenten fühlen wir uns angreifbar. Wir erkennen wie der Rockmusiker Sting in seinem Song *How fragile we are* unsere verletzliche Seite.

Nähe, die unsere Verletzlichkeit begrüßt, lässt uns reifen. Nicht nur als Paar. Auch jeder für sich kann sich weiterentwickeln. Bea und Lutz können gemeinsam mehr aufeinander achten. Bea kann darüber nachdenken, ob sie doch dazu neigt, vorschnell zu reagieren und andere vor den Kopf zu stoßen. Vielleicht sogar gerade dann, wenn Lutz oder ihre Freunde sich sensibel zeigen und ihr dadurch nahekommen. Sie kann prüfen, ob ihre verletzliche Seite im Elternhaus genug Raum bekommen hat und ernst genommen wurde. Lutz kann lernen, rechtzeitig zu sagen, wenn er sich gestört oder unangemessen behandelt fühlt.

Wie man an den Erfahrungen der beiden sieht, kommt man in der Nähe einer Beziehung nicht umhin, sich selbst zu vertiefen und neu kennenzulernen. Jennifer, eine junge Frau, die sich in einer neuen Beziehung intensiv mit sich selbst konfrontiert sah, stellte nüchtern fest: „Eine Beziehung ist besser als jede Therapiegruppe."

Reflexion

1. Was habe ich durch meinen Partner über mich selbst erfahren?
2. Was kann ich durch und mit ihm lernen und weiterentwickeln?
3. Welche Impulse kann ich ihm geben?

Ich freue mich darüber, in meiner Beziehung etwas über mich selbst lernen zu können, und wachse daran.

4.2 Nähe durch Fürsorge und Trost

Geteiltes Leid ist halbes Leid

Pavel Goldstein, Wissenschaftler vom Cognitive and Affective Neuroscience Lab University of Colorado, Boulder, zeigte in einer Studie, dass sich Schmerzen lindern lassen, wenn der geliebte Partner die Hand des Schmerzgeplagten hält. Goldstein entdeckte, dass sich durch den Wunsch, dem Partner zu helfen, sogar die Herzschläge und Atemzüge dem des anderen anpassen. Er spricht von *zwischenmenschlicher Synchronisierung.* Bei einer solchen Berührung gleichen sich die Hirnwellen der Partner an. Diese Verbindung scheint sich positiv auf das Schmerzempfinden auszuwirken.

Auch bei frisch Verliebten lässt sich dieses Phänomen der im gleichen Takt schlagenden Herzen beobachten. Die Ergebnisse seiner Studie wurden im Februar 2018 im Journal *Proceedings of the National Academy of Science* veröffentlicht. Konnten sich Paare in einer schmerzsensiblen Situation jedoch nicht bei den Händen halten, verringerte sich die Verbindung. *Es scheint, dass Schmerzen die zwischenmenschliche Synchronisation zwischen Paaren komplett unterbrechen und dass Berührung sie wieder zurückbringt,* sagt Pavel Goldstein. Weitere Test zeigten: Je empathischer ein Mann gegenüber den Schmerzen seiner Partnerin war, desto mehr synchronisierten sich ihre Hirnaktivitäten. Und je synchroner die Hirnwellen, desto mehr gingen die Schmerzen der Partnerin zurück.

Händchenhalten

Goldstein vermutet, dass empathische Berührungen dazu führen, dass sich eine Person verstanden fühlt und dadurch schmerzlindernde Botenstoffe im Gehirn aktiviert werden. Händchenhalten ist eine einfache Geste, die dem anderen Mitgefühl und Vertrauen spendet. Einander an den Händen zu halten drückt Verbundenheit und Zugehörigkeit aus.

Der Begriff „Händchenhalten" weckt in seiner Verniedlichungsform Erinnerungen an die Kindheit. An der Hand der Eltern zu gehen hat uns Sicherheit vermittelt. Die Wärme ihrer Hände hat uns Halt gegeben, getröstet und ermutigt. Ganz direkt haben wir gespürt: Ich bin nicht allein, jemand ist für mich da! Das gilt ebenso für Paare. Hand in Hand durchs Leben zu gehen stärkt unser Selbstbewusstsein. Es beruhigt uns und lässt uns zuversichtlich sein, weil wir uns mit dem Partner verbunden fühlen: Gemeinsam sind wir stark!

Reflexion

1. Wann habe ich zuletzt Trost und Zuspruch erfahren?
2. Welche Geste oder welche Worte haben mir besonders gutgetan?
3. Wie zeige ich Fürsorge und Mitgefühl in unserer Beziehung?

Indem ich fürsorglich bin, kann ich Sorgen entsorgen.

Behutsam mit dem verletzlichen Partner umgehen

Das Kleine, Schutzlose, Schwache und Gebrechliche stimmt uns wohlgesonnen. Ein Neugeborenes, ein kleines Kätzchen, eine aufkeimende Pflanze oder ein Mensch in Not erwecken liebevolle Gefühle und Empathie. Alles, was zart ist, hat die Fähigkeit, uns zart zu stimmen.

Hat einer der Partner in früheren Beziehungen hingegen abwehrende Reaktionen erfahren, wenn er sich schwach und schutzbedürftig zeigte, wird er Mühe haben, Zuwendung anzunehmen. Der andere ist dann schnell irritiert, weil er doch ahnt oder sieht, dass sein Partner eigentlich liebevollen Zuspruch benötigt. Er möchte behutsam mit dem verletzlichen Partner umgehen, doch der reagiert reserviert. Eine positive Resonanz bleibt aus und er wundert sich.

Der Igelretter

Tabea und Bodo haben in ihren Ursprungsfamilien Anforderungen, Entwertungen und Missachtung erlebt. Es gab kaum körperliche Zuwendung, Trost und Ermutigung. In der Paartherapie kommt es ihnen so vor, als würden sie sich nach 13 Jahren des Zusammenseins neu kennenlernen.

TABEA: *Ich dachte eigentlich, wir würden einander in- und auswendig kennen. Aber die einfachsten Dinge scheinen uns immer noch nicht recht zu gelingen.*

BODO: *Ich verstehe einfach nicht, was genau Tabea braucht, wenn es ihr nicht gut geht. Ich kann sie nicht „lesen". Bislang habe ich geglaubt, sie möchte sanft in den Arm genommen werden, aber ich lag wohl falsch.*

TABEA: *Ich mag es eigentlich nicht, wenn ich mich schwach und verletzlich fühle. Dann werde ich igelig. Trotzdem möchte ich in den Arm genommen werden.*

THERAPEUT: *Könnten Sie Bodo einmal zeigen, wie Sie umarmt werden möchten?*

Tabea steht auf und zeigt ihrem Mann, wie es für sie richtig ist.

Bodo: *Was, so fest möchtest du gedrückt werden?*
Tabea: *Ja, ich möchte fest in den Arm genommen werden. Du warst bisher immer viel zu vorsichtig. Natürlich nicht zu fest, aber ich möchte dich und deine Kraft richtig spüren. Das gibt mir Halt!*
Therapeut: *Wie ist das für Sie, Bodo?*
Bodo: *Ich bin erleichtert. Jetzt weiß ich, was Tabea meint. Ich musste grad an einen Igel denken, den ich vor einigen Jahren auf der Straße gerettet habe. Er hatte eine ganz weiche Innenseite. Tabea kam mir bisher tatsächlich wie ein stacheliger Igel vor. Ich weiß, dass sie innen drin ganz weich und verletzlich ist, auch wenn sie es nicht immer zeigt.*
Therapeut: *Welche Art von Zuspruch und Trost können Sie denn gebrauchen, wenn es Ihnen nicht gut geht?*
Bodo: *Ich brauche das liebevolle Wort! Es sind keine körperlichen, sondern verbale Streicheleinheiten wie Ermutigung, Lob, Anerkennung und Wertschätzung, die mich trösten und aufbauen.*

Wohlmeinende Fürsorge

Fast automatisch gehen wir behutsam mit dem Verletzlichen um, zeigen uns besorgt und werden achtsam. Eine Beziehung, die auf wohlmeinender Fürsorge beruht, fördert Nähe und Geborgenheit. Obwohl viele Menschen gerade das Gegenteil befürchten, ist man zärtlich zu einem Menschen, eben *weil* er sich in manchen Momenten hilflos und zerbrechlich zeigt.

Es scheint so, als gäbe es ein natürliches Mitgefühl, vorstellbar wie eine Variation des universellen Mutterinstinkts, welches uns milde stimmt, wenn wir den Menschen in seinem schlichten Menschsein hinter den Fassaden und Rollen des Alltags erkennen können.

Einander zu lieben bedeutet aus der Sicht des Philosophen Tom Lemaire, in der grundlegenden menschlichen Verletzbarkeit schonend miteinander umgehen zu können. Vermutlich tragen wir alle Erinnerungsspuren der eigenen Verletzlichkeit und Bedürftigkeit in uns, die wir als Säuglinge und biologische Frühgeburten durchlaufen haben. Die am eigenen Leib gemachte Erfahrung, auf einen anderen angewiesen zu sein, ist eine Quelle unserer Fähigkeit, zärtlich und mitfühlend zu sein. Besonders wenn wir erkranken, bedürfen wir der Zuwendung und des Schutzes.

Reflexion

Wie ist es, wenn ich krank bin?

1. Spüre ich dann tendenziell den Wunsch nach Nähe *(Sei bei mir!)* oder Distanz *(Ich möchte lieber allein sein!)*?
2. Wie nah (oder fern) möchte ich meinen Partner dann bei mir haben?
3. Mit wie viel Nähe und Fürsorge fühle ich mich dann wohl?

Wenn ich mich geschwächt oder krank fühle, kann ich lernen, genau zu sagen, was ich brauche – und was nicht.

Hühnersuppe für die Seele

Seit einiger Zeit ist es amtlich. Die Forschung hat ihn entdeckt. Den TLC-Faktor. „Was ist das?", fragen Sie zu Recht. Das ist der „Tender Loving Care"-Faktor, zu Deutsch etwa: *sanfte, liebevolle Fürsorge* oder, frei interpretiert, der *zärtliche Streicheleinheiten- und fürsorgliche Bemutterungsfaktor mit hohem Verwöhnaroma.*

Er wurde im Zusammenhang mit der Wirkung einer guten Hühnersuppe im Krankheitsfall untersucht. Es ist nicht die Hühnerbrühe an sich, die so wohltuend wirkt, sondern die menschliche Zuwendung und die damit verbundenen angenehmen Gefühle und Erinnerungen. Ich kenne diesen Faktor aus meiner Familie. Wenn ich meinen Vater fragte, was für ihn Weihnachten bedeutet, lautete die prompte Antwort: „Die Hühnersuppe mit Klößchen und Eierstich, so wie früher." Dabei hatte er einen träumerischen Glanz in den Augen und er war ganz beseelt von seinen Erinnerungen.

Wahre Liebe geht durch den Magen. Sie können den TLC-Paar-Faktor durch gute emotionale Nahrung erhöhen. Wie ein Schutzfaktor in der Sonnenmilch Sie gegen Sonnenbrand schützt, bietet ein guter TLC-Faktor Schutz vor zu viel Stress in der Beziehung. Er fördert das Wohlbefinden und die Zufriedenheit.

VANESSA: *Ich freue mich, wenn Leo mir meine Lieblingspralinen mitbringt. Wenn ich krank bin, bringt er mir eine Frauenzeitschrift mit. Das ist zwar nicht seine Welt, aber er kauft sie mir zuliebe.*

Reflexion

1. Welche vertraute Speise fällt mir aus meiner Familie ein?
2. Was ist mein „Leib-und-Magen-Gericht“?
3. Mit welchem Essen kann mir mein Partner eine besondere Freude bereiten?
4. Womit kann ich ihn erfreuen?

Zärtlichkeit und Leibgerichte sind Seelennahrung.

Konkrete Unterstützung und handfeste Taten

Fürsorge besteht nicht nur aus liebevollen Gesten, sondern auch in handfesten Taten. Es gibt Situationen, in denen benötigt man in einer Beziehung konkrete Hilfe und Unterstützung. Zwei Paare berichten von ihren Erfahrungen.

Du schaffst das!

Pia: *Ich habe vor Kurzem mein Auto aus Versehen im Halteverbot abgestellt und es wurde abgeschleppt. Ich war mit der Situation überfordert und habe Onno angerufen, damit er mir hilft. Er hat für mich bei der Polizei angerufen und in Erfahrung gebracht, wo sich das Auto befindet. Wir haben das Auto dann zusammen abgeholt und die Formalien erledigt. Ich war erleichtert und froh, dass ich mich auf ihn in der Not verlassen kann.*

Onno: *Du bist auch für mich da, wenn ich dich brauche. Als ich mit meiner Bachelorarbeit einen Hänger hatte und nicht weiterkam, hast du sie gelesen und mir die richtigen Fragen gestellt, sodass ich weiterarbeiten konnte. Die Rechtschreibfehler hast du auch korrigiert. Das alles hat mich ermutigt, dranzubleiben. Du hast mir Mut zugesprochen und mir vermittelt: Du schaffst das! Ich bin dir sehr dankbar, du bist ein echter Schatz!*

Ich stehe zu dir

Ariane und Konrad haben drei Kinder und sind in manchen Situationen überfordert.

Ariane: *Seitdem unser Sohn in der Pubertät ist, fühle ich mich zunehmend überfordert und allein. Gestern hast du mich unterstützt und im Gespräch mit unserem*

Sohn eindeutig Stellung für mich bezogen. Das hat mir so gutgetan und mich dir nah gebracht.

KONRAD: *Ich hatte den Eindruck, dass es an der Zeit ist, ihm eine klare Ansage zu machen. Gestern habe ich direkt mitbekommen, dass er dich unfair behandelt, und konnte das so nicht stehen lassen. Es freut mich, dass ich dir beistehen konnte und du dich darüber gefreut hast!*

Wie die Erfahrungen der beiden Paare zeigen, schafft die gelebte Unterstützung Nähe und Vertrauen. Folgende Botschaften stärken eine Beziehung.

- *Wir schaffen das!*
- *Ich glaube an dich!*
- *Ich bin für dich da!*

Sie lassen den Partner spüren, dass er für uns wichtig ist.

Reflexion

1. Wie erfahre ich konkrete Unterstützung in unserer Beziehung?
2. War ich schon mal enttäuscht, weil sie ausgeblieben ist?
3. Sprechen wir den Wunsch nach Hilfe rechtzeitig und konkret aus?

Ich verstehe, dass Taten manchmal wichtiger sind als Worte.

4.3 Nähe durch Alltag und Gewohnheit

Ein gemeinsames Nest schafft Geborgenheit

Gewohnheit hat viele Vorteile. Man kennt sich aus, hat vertraute Abläufe gefunden und muss diese nicht jedes Mal neu aushandeln. Das spart Energie und bringt Ruhe in eine Beziehung. Im ruhigen Strom des vertrauten Beziehungsalltags können wir entspannen. Wir segeln in ruhigen emotionalen Gewässern und fühlen uns wohl.

Eine Schwester der Gewohnheit ist die Gemütlichkeit. Auch sie schafft Behagen und Wohlbefinden. Das weiß auch Balu, der Bär aus dem *Dschungelbuch*, wenn er singt: „Probier's mal mit Gemütlichkeit, mit Ruhe und Gemütlichkeit jagst du den Alltag und die Sorgen weg … denn mit Gemütlichkeit kommt auch das Glück zu dir."

Von einigen Paaren wird Gewohnheit als „Liebestöter“ erlebt. Zu viel Routine und wiederkehrende Alltagsabläufe können der Liebe, insbesondere der Leidenschaft, den dringend erforderlichen Sauerstoff entziehen. Für diese Paare entsteht prickelnde Erotik durch Spannung, die sie durch Abwechslung, Distanz und neue Reize finden. Doch genauso gut kann ein vertrautes Arrangement, das beide Partner als stimmig erleben, reizvoll sein. Intimität, Vertrauen und Gewohnheiten bilden für sie die Grundlage für eine erfüllte Sexualität. Doris und Manuel, die seit 15 Jahren zusammen sind, berichten:

Das tut uns gut

Doris: *Wir haben uns darauf geeinigt, am Sonntagabend Zeit für Intimität und Sex zu reservieren. Vorher schauen wir meist noch eine Folge unserer Lieblingsserie auf Netflix.*

Manuel: *Wir befürchten zwar, belächelt zu werden, aber es tut uns gut und funktioniert.*

Doris: *„Funktioniert“ klingt mir etwas zu technisch. Es kommt durchaus vor, dass wir gar nicht miteinander schlafen, sondern einfach nur kuscheln oder uns verwöhnen. Es ist auf jeden Fall Zeit für Körperlichkeit und Nähe.*

Manuel: *Der Vorteil besteht darin, dass man nicht jedes Mal aufs Neue darum ringen muss, wann wir Zeit für uns und Sex haben. Vielleicht erscheint das zwanghaft, aber mir gibt das Sicherheit.*

Alltag und Gewohnheiten *können* ein Paar entfremden, doch das muss nicht so sein, wie man an den Erfahrungen von Doris und Manuel sehen kann. Die Risikofaktoren bestehen in *zu viel* Alltag und *zu viel* Gewohnheit. Hat ein Paar das richtige Maß gefunden, treten die positiven Seiten einer vertrauten Alltagsgestaltung in den Vordergrund. Gewohnheiten haben, wie bereits erwähnt, einen großen Vorteil: Man muss nicht jedes Mal neu darüber verhandeln und kann die Energie für andere Dinge einsetzen. Und vertraute Rituale spenden Geborgenheit.

Wir bauen uns ein Nest

David: *Wir haben uns aneinander gewöhnt, mir gefällt das. Ich finde das Vertraute, auch wenn es manchmal langweilig ist oder sich wiederholt, angenehm. Ich fühle dann eine Nähe und Geborgenheit.*

Angela: *So, als hätten wir mit unsichtbaren Fäden ein Nest gebaut. Der gemeinsame Alltag ist deswegen nicht immer leicht, aber dennoch nah.*

David: *Natürlich müssen wir auch mal raus und was Aufregendes erleben. Anregungen von anderen bekommen.*

Angela: *Du brauchst das vermutlich etwas mehr als ich. Ich kann gut zu Hause sein und fühle mich mit unseren Abläufen wohl. Mir gibt das Sicherheit und ich fühle mich mit dir verbunden, wenn wir unsere Gewohnheiten aufrechterhalten.*

David: *Wir bereiten uns wechselseitig morgens das Frühstück zu. Einen Tag macht es Angela, den nächsten ich.*

Angela: *Mir bedeutet das viel. Ich komme aus einer Familie, in der immer hektisch und fast im Stehen gegessen wurde. Das gibt mir Ruhe und schafft Vertrauen. Ich spüre, dass es auch David etwas bedeutet.*

David: *Ja, das ist so. Ihr seid ja wie ein altes Ehepaar, höre ich manchmal. Aber was ist daran schlecht?*

Gewöhnung, die zur Wohnung wird

David und Angela sind seit 15 Jahren ein Paar. Für sie entsteht Nähe gerade durch die Gewöhnung aneinander. Sie schafft eine Nähe, in der man wohnen kann. Die Angst, die Liebe könnte durch Gewohnheit verloren gehen, ist ernst zu nehmen. Doch sie kann genauso gut dazu führen, dass es der Liebe gefällt, ein Zuhause zu haben, in dem sie Platz nehmen kann, wo sie sich weniger bedroht fühlt.

Dies ist besonders heilsam für Partner, die Unzuverlässigkeit, Grenzverletzungen, Kontrollverlust und Unruhe erlebt haben oder in desolaten Verhältnissen aufwuchsen. Dann spenden gute Gewohnheiten, die zu Verlässlichkeit führen und von beiden getragen werden, Geborgenheit und Halt. Nähe wird durch sie gepflegt und bietet dann ein schützendes Nest.

Reflexion

1. Welche Alltagsgewohnheiten sind mir nah und vertraut?
2. Wie wirken sie sich auf unsere Beziehung aus?
3. Welche lähmen mich?
4. Welche beruhigen mich?

Wir pflegen unsere guten Gewohnheiten und genießen sie.

4.4 Guter Humor verbindet

Humor schafft Nähe und eine gute Distanz zugleich

Humor hat eine wichtige Aufgabe bei der Regulation von Nähe und Distanz. Ist er liebevoll und sanft, kann er Nähe schaffen und Brücken bauen. Das ist wichtig, denn der Beziehungsalltag ist nicht immer lustig. Es geht in Konflikten und Auseinandersetzungen um ernste Sachen. Man hat außerdem nicht immer Lust, gut drauf zu sein. Schon gar nicht auf Kommando. Das ist verständlich. Andererseits wirkt eine Beziehung ohne Humor „wie ein Haus mit immer trüben Fenstern". Humor, so legt es dieses Bonmot von Rudolf Alexander Schröder nahe, hilft dabei, den Durchblick zu behalten und wieder klar zu sehen.

Vor diesem Hintergrund ist es verständlich, dass Frauen häufig den Wunsch nach einem Partner äußern, der sie zum Lachen bringt. Und Männer wünschen sich Frauen, die über ihre humorvollen Bemerkungen schmunzeln. Denn eine wichtige Wirkung des Humors ist die Einladung zum Perspektivwechsel und den Blick über den Tellerrand.

Feindseliger Humor schafft Distanz

Allerdings hängt es von der Beschaffenheit des Humors ab, ob er seine wohltuende Wirkung entfaltet. Der negative Humorstil ist zynisch und entwertend. Er verspottet und diskreditiert den Partner. Macht man den Partner klein und erhebt sich dadurch über ihn, wirkt sich das destruktiv aus. Dieser Humor ist feindselig. Er schafft eine große Distanz und erzeugt beim Partner den Impuls, sich zu schützen und zurückzuziehen. Wie man an den folgenden Schilderungen hört, werden Humor und fehlender Humor in einer Beziehung ganz unterschiedlich erlebt.

ANDREA: *Mein Freund wird in einem Streit schnell zynisch und überheblich. Dann macht er Witze auf meine Kosten. Mir kommt es so vor, als würde er mich kleinmachen wollen. Das ist unerträglich.*

PETRA: *Mein Mann geht zum Lachen in den Keller. Er ist immer so sachlich und nüchtern. Ich wünschte mir und ihm mehr Lockerheit.*

PATRICK: *Meine Freundin steht auf flache oder ordinäre Witze. Das turnt mich ab. Ich gehe dann auf Distanz.*

MELANIE: *Ich mag es, wenn mein Mann mich auf die Schippe nimmt. Er hat so eine feine Ironie, die mir hilft, Abstand zu gewinnen, wenn ich wieder alles viel zu ernst nehme.*

WERNER: *Meine Frau „giggelt" manchmal wie ein kleines Mädchen, wenn sie sich über etwas amüsiert. Dann geht mein Herz auf, ich liebe das.*

Die Arschkartoffel

Humor kann eine gute Distanz zu schwierigen Situationen schaffen und dadurch wieder Nähe herstellen. Er löst nicht alle Probleme, kann aber zu einer Lockerung beitragen, die Energie für Lösungen freisetzt und neue Betrachtungsweisen ermöglicht. Und, so der Schriftsteller Ernst Kreuder, „Humor ist der Versuch, sich selbst nicht ununterbrochen wichtig zu nehmen". Für eine Beziehung ist diese Devise von großem Wert.

Sandra und Andreas sind unzufrieden mit ihrer Streitkultur. Beide finden, dass ihre Auseinandersetzungen viel zu ernst verlaufen. Es kommt vor, dass sie Worte benutzen, die den anderen entwerten und beleidigen. Im Nachhinein bedauern sie das. Sie suchen nach Wegen, ihre Konflikte verbal zu entschärfen.

SANDRA: *Wir haben uns bis aufs Messer bekämpft, weil jeder Recht behalten wollte.*

ANDREAS: *Natürlich hat es jeder so empfunden, dass er in Notwehr handelt, und dann zurückgeschossen.*

SANDRA: *Wir wussten, dass es so nicht weitergehen konnte, hatten aber keine Ahnung, wie es anderes laufen kann.*

ANDREAS: *Dann kam uns der Zufall zu Hilfe. Wir lagen wieder wegen unterschiedlicher Vorstellungen über Ordnung und Sauberkeit im Clinch, während ich Kartoffeln schälte. Eine Kartoffel sah interessant aus, weil sie eine Herzform hatte.*

SANDRA: *Die sah wirklich besonders aus. Ich habe sie dann unseren Kindern gezeigt.*

ANDREAS: *Ihre Reaktion hat uns überrascht. Unsere älteste Tochter meinte trocken: Die sieht aus wie eine Arschkartoffel.*

SANDRA: *Man konnte tatsächlich beides darin sehen: ein Herz und einen Po!*

ANDREAS: *„Arschkartoffel" ist jetzt für uns ein Codewort geworden. Wir benutzen es, wenn wir uns über den andern ärgern.*

SANDRA: *Das nimmt der Wut die scharfe Spitze und schafft Abstand, weil wir zwangsläufig grinsen müssen.*

ANDREAS: *Die Kinder haben das Wort übernommen und haben viel Freude daran, damit herumzuspielen.*

SANDRA: *Dadurch gibt es in Konflikten mehr Leichtigkeit. Es tut uns allen gut!*

ANDREAS: *Mich erinnert das an eine französische Filmkomödie. Darin beschimpfte man sich als „Blödbommel". Aber für uns ist die „Arschkartoffel" besser.*

Beziehungsfreundlicher Humor hat einen warmen Unterton

Wie man an diesem Beispiel sieht, hat der positive Humorstil einen warmen Unterton und ist mit einem Augenzwinkern versehen. Er kann selbstironisch sein und stärkt das Selbstwertgefühl. Mit einem liebevollen Blick auf sich selbst und die Beziehung erzeugt er eine gute Distanz zu den Problemen und schafft dadurch Nähe. Er baut Brücken, statt sie abzureißen. Sich selbst auf den Arm zu nehmen ist allerdings eine der schwierigsten gymnastischen Übungen. Doch Übung macht den Meister. Beispielhaft kommen einige Paare kurz zu Wort, die sich in der Kunst der Selbstironie üben:

VERENA: *Ich bin heute aber auch anstrengend! Du hast es wirklich nicht leicht mit mir.*
MORITZ: *Wenn du das so klar feststellst, will ich nicht widersprechen. Mich entlastet das, weil ich es dann einschätzen kann und nicht denke, es hat etwas mit mir zu tun.*

Die von Verena mit einem Augenzwinkern vorgetragene selbstkritische Betrachtung entlastet Moritz. Obwohl eine gewisse Distanz spürbar ist, bleibt dennoch die vertraute Nähe erhalten.

Darius findet einen anderen Weg, sein Unbehagen sozialverträglich und mit einem Hauch Selbstdistanzierung vorzubringen:

DARIUS: *Ich mag dich, so wie du bist – nur grad jetzt nicht!*
GRETA: *Danke für die Blumen! Immerhin bist du ehrlich und grenzt deine Ablehnung auf den Moment ein. Da muss ich mich nicht ganz so ungeliebt fühlen.*

Greta muss sich nicht als ganze Person abgelehnt fühlen. Sie kann in der ernst gemeinten Rückmeldung von Darius gleichzeitig spüren, dass sie ihm etwas bedeutet.

Lewin und Franka finden einen anderen Weg, mit einer schwierigen Situation umzugehen. Sie kommentieren einen Beziehungskonflikt von der Metaebene aus und stellen ihn in einen anderen Rahmen. Dadurch nehmen sie ihm die Schärfe und werten sich als Paar sogar noch auf.

LEWIN: *Wir streiten uns wie Johnny Depp und Amber Heard.*
FRANKA: *Immerhin stehen wir in prominenter Tradition, das hat was!*

Guter Humor
nimmt nicht nur auf den Arm, sondern auch in den Arm.

Nobody's perfect!

Für Paare, die in die Optimierungsfalle geraten sind, scheint mir Humor besonders wichtig zu sein. Denn guter Humor hat eine spielerische Note und macht klar: „Nobody's perfect." Sich selbst als unvollkommen anzunehmen und zu verstehen, dass auch der Partner und die Beziehung mit ihm nicht vollkommen sein können, erleichtert den Umgang mit den störenden Facetten. Dann schenkt Humor Gelassenheit und neue Sichtweisen. Er erweitert den Tunnelblick, der nur das Unvollkommene sieht. Nicht jedes Beziehungsproblem muss ausdiskutiert werden. Anstatt sich bei der Suche nach Übereinstimmung aufzureiben, ist es hilfreicher, Differenzen anzunehmen und entspannter mit ihnen umzugehen.

Elisa: *Gut, ich bin etwas zwanghaft. Und du bist etwas chaotisch. Zusammen bilden wir ein unschlagbares Team.*

Matteo: *Jetzt haben wir die Wahl: Wollen wir ein Albtraum-Team werden oder ein Dream-Team?*

Die Schilderungen dieser Paare weisen darauf hin, dass gelungener Humor eine gute Portion Wertschätzung und Güte beinhaltet. Vielleicht kann Ihnen das folgende Paar, das sich oft streitet, als Vorbild dienen. Die beiden sitzen bei Kerzenschein in einem Restaurant. Plötzlich lässt der Ober das Tablett mit dem Geschirr fallen. Die Scherben klirren auf dem Boden. Und sie flüstert ihm zärtlich ins Ohr: „Hör mal, Liebling, sie spielen unser Lied!"

Wir lassen unsere Energie dorthin fließen, wo es uns weiterbringt und guttut.

ÜBUNG: Vorhandene Energien nutzen

Stärken Sie Ihre Beziehung, indem Sie eine gemeinsame Liste mit Problemen erstellen, die Sie *nicht* haben!

Welche Vorteile hat das?

Wozu können Sie die Energie, die *nicht* in die Auseinandersetzung mit diesen Problemen fließt, nutzen?

Gemeinsam zu lachen fördert die Nähe

Gemeinsam zu lachen stärkt eine Bindung und schafft vertraute Nähe. Komödien anzusehen und anderen Paaren beim Scheitern zuzusehen entlastet und befreit. Es gibt Kabarettprogramme über die „Kunst der Ehe-Zerrüttung“, „Caveman“ und „Cavewoman“, die die steinzeitlichen Grundstrukturen zwischen Mann und Frau humorvoll karikieren. Darüber hinaus bereitet eine Heerschar von Stand-up-Comedians wie Anke Engelke, Mario Barth, Maren Kroymann, Atze Schröder und eine Vielzahl internationaler Frauen und Männer ernste Beziehungsthemen humorvoll auf. Sie halten uns den Beziehungsspiegel vor: Seht hin, so absurd verhaltet ihr euch! Victor von Bülow, besser bekannt als der Komiker Loriot, war ein Meister darin, die Absurditäten des Beziehungsalltags zu persiflieren. Auf YouTube finden Sie eine Auswahl seiner besten Sketche. Ich empfehle „Der Feierabend“ und „Das Frühstücksei“.

Reflexion

1. Was zaubert mir ein Lächeln ins Gesicht?
2. Was lässt mich schmunzeln?

Ein inneres Lächeln hilft uns, mehr Leichtigkeit zu entwickeln und Konflikte schneller zu überwinden.

Du musst jetzt aufstehen!

In einer Beziehung treffen zwei Menschen aufeinander, die von Zeit zu Zeit unterschiedliche Vorstellungen und Bedürfnisse haben. Das führt zu Konflikten und Streit. Eine Beziehung ist kein „planierter Vergnügungspark“, wie es in der „Humorschatzkiste“ des Humortrainers Jan-Rüdiger Vogler heißt. Das ist wohl wahr. Geht in einer Beziehung der Humor verloren, ist das ein zuverlässiger Hinweis darauf, dass sich ein Paar zu sehr verstrickt hat, weil jeder die eigenen Belange „zu ernst“ nimmt. Insbesondere bei Störungen im Miteinander kann liebevoller Humor entlasten. Selbst wenn Risiken und Nebenwirkungen auftreten können, einen Versuch ist es wert. Der folgende Witz verdeutlicht das, indem er ein Kommunikationsproblem auf die Spitze treibt:

Susanne und Kurt haben sich fürchterlich gestritten. Jetzt reden sie nicht mehr miteinander. Beim Abendessen schiebt Kurt seiner Frau einen Zettel zu. Darauf steht:

Habe morgen einen wichtigen Termin bei der Arbeit. Bitte weck mich morgen um 9.00 Uhr!

Am nächsten Morgen wacht Kurt auf. Er flucht, es ist schon 10:30 Uhr! Auf dem Nachttisch liegt ein handgeschriebener Zettel von Susanne:

Es ist 9:00 Uhr. Du musst jetzt aufstehen!

Reflexion

1. Gibt es in unserer Beziehung Raum für Humor, Blödsinn und Spielerisches?
2. Was ist das Komischste, Absurdeste und Witzigste in unserer bisherigen Beziehung?
3. Was war bislang das Peinlichste?
4. Welche Art von Humor (Komiker) mag ich und welchen nicht?
5. Welche Art von Humor mag mein Partner?
6. Worüber können wir gemeinsam lachen?

Indem wir spielerisch und humorvoll sind, schützen wir unsere Beziehung und beleben sie.

4.5 Nähe durch Sinnlichkeit – ein wichtiger Schutzmantel

Berührung und Körperlichkeit

Wohlwollende Zuwendung, Zärtlichkeit, Wärme und Hautkontakt haben eine elementare Bedeutung für den Aufbau von Vertrauen, Nähe und Sicherheit. Sinnlichkeit in all ihren Facetten fördert das Erleben von Nähe, Geborgenheit und Entspannung. Im Alltagsstress kann sie jedoch leicht in den Hintergrund treten, obwohl wir gerade dann sinnliche Momente gut gebrauchen könnten. Denn Zärtlichkeit, liebevolles Schmusen und „herzhafte" Sexualität sind nach Ansicht zahlreicher Forscher die besten Schutzmäntel gegen die negativen Auswirkungen von übermäßigem Stress. Diese „stressantagonistischen Inseln" liegen nicht in der Karibik oder der Südsee, sondern wollen im ganz normalen Alltag erschaffen und besucht werden.

Liebes-Spiel

Allerdings sollten diese Inseln frei von Leistungsdruck sein. Wie tiefgreifend dieser sonst zu Überdruss führt, verdeutlich die Äußerung von André, der einfach nur seine Ruhe haben und nicht mehr funktionieren will: *Ein Tatort und ein Bier sind manchmal besser als Sex.* Sexualität ist dann kein Raum mehr, in dem man auftanken und sich nah kommen kann.

Die Erfahrung lehrt, dass wir im Stressmodus viel zu ernst und engstirnig werden. Doch der spielerische Teil, die neugierige Seite in uns braucht Raum, Liebe und Zuwendung. Erhalten Sie sich die menschliche und spielerische Seite der Sexualität, denn nicht umsonst heißt es Liebes-Spiel. Prusten, lachen und kichern Sie, wenn Ihnen danach zumute ist. Freuen Sie sich über Störungen und Unterbrechungen, denn die geben Ihnen Gelegenheit, miteinander ins Gespräch zu kommen und zu gucken: „Wo sind wir eigentlich gerade?“

Rituale – Eros beflügeln und Nähe spüren

Über die Augen, die Haut und sensible Worte lassen sich sinnliche Brücken bauen. Über den Körper mit all seinen Sinnen. Über gemeinsame Erfahrungen und kulinarische Genüsse. Über den Austausch von Gefühlen, Ängsten, Bedürfnissen und Erwartungen. Über Signale des Verstehens, der Zuneigung und des Wohlwollens.

Für den Aufbau von Nähe sind Rituale hilfreich. Sie gestalten einen Rahmen, der Sicherheit gibt, wenn zugleich Regeln vereinbart werden, denen beide Partner zustimmen können.

Königin und König

Für dieses Ritual vereinbaren die Partner eine Rollenaufteilung. Der eine schlüpft in die Rolle des Königs / der Königin und der andere übernimmt den Part des Dieners / der Dienerin. Sie können die beiden Rollen auch Geber und Empfänger nennen.

Die Rolle des Dieners / der Dienerin besteht darin, dem König möglichst viele sinnliche Wünsche von den Augen abzulesen oder sich zu erkundigen, was dieser sich wünscht. Die wichtige Spielregel dabei lautet, dass der Diener nur die Dinge tut, die er guten Gewissens und gerne zu geben bereit ist. Der König nimmt nur die Angebote an, die ihm wirklich gefallen.

Ansonsten darf sich der König überraschen und verwöhnen lassen. Der Diener kann sich darauf freuen, dass nach der vereinbarten Zeiteinheit die Rollen gewechselt werden. Geben und Nehmen sollte nach einer kleinen Pause ins Gleichgewicht gebracht werden. Sie sind neugierig geworden und möchten wissen, auf welche Ideen andere Paare gekommen sind?

Ich habe mich verwöhnen lassen

BEATRICE: *Mein Mann hat mir die Fingernägel manikürt, den Nacken gekrault und dann ein schönes Gedicht vorgelesen. Da ist ganz viel Nähe entstanden.*

THEO: *Ich habe mir einen Bauchtanz gewünscht. Beatrice fand das zunächst ungewohnt, hat dann aber Lust bekommen. Wir haben es beide genossen.*

Angelika und Wilhelm haben andere Akzente gesetzt:

WILHELM: *Ich habe mir gewünscht, gemeinsam in die Badewanne zu gehen. Angelika hat mir dann mit einem Sisal-Handschuh den Rücken massiert. Nach dem Bad hat sie mich abgetrocknet, das war extrem sinnlich und hat mich daran erinnert, wie ich als Kind von meinen Eltern abgerubbelt wurde. Zu meiner Überraschung war aber auch das sehr angenehm und vertraut.*

ANGELIKA: *Ich habe mich verwöhnen lassen. Wilhelm hat mir Trauben, Früchte und Schokolade gereicht, die ich mit geschlossenen Augen genossen habe. Später hat er mir mit einer Feder sanft den Rücken und Po gestreichelt. Das alles war hocherotisch und lustvoll. Er hat meine Wünsche ernst genommen und meine Grenzen jederzeit respektiert. Ich habe gespürt, wie sehr ich ihm vertraue.*

Das war sehr intim und sinnlich

Aileen und Leandro haben ihre Vorlieben und Wünsche verwirklicht:

AILEEN: *Ich habe mir gewünscht, dass Leandro mich zum Lachen bringt, ohne mich zu kitzeln. Er hat sich wirklich Mühe gegeben und verrückte Dinge dargestellt oder Geschichten erzählt. Ich wusste nicht, wie einfallsreich er sein kann. Am Ende der vereinbarten Zeit haben wir zusammen geduscht und uns eingeseift. Das habe ich sehr intim und sinnlich erlebt. Mehr verrate ich nicht.*

LEANDRO: *Für mich ist es ein Hochgenuss, wenn Aileen mir die Füße massiert. Dabei habe ich ihr von meinen erotischen Fantasien erzählt. Sie hat einfach nur zugehört und erst mal gar nichts dazu gesagt. Natürlich möchte ich davon etwas umsetzen, aber wir haben ja Zeit.*

Die Erfahrungen der hier vorgestellten Paare haben hoffentlich einen Eindruck davon vermittelt, wie sich die erwähnten stressantagonistischen Inseln relativ preiswert auch im Alltag ansteuern lassen. Vielleicht machen Sie dann eine Erfahrung, die sinngemäß die Wiener Schauspielerin Senta Berger formulierte: *Sinnlichkeit ist die Kunst, Erwartungen zu wecken, die oft gar nicht geschlafen haben.*

Reflexion

1. Was wünsche ich mir in diesem Ritual von meinem Partner?
2. Gibt es Wünsche, die ich zurückhalten würde, weil ich nicht sicher bin, ob sie erfüllt werden oder willkommen sind?
3. Welche Wünsche würde ich ablehnen und warum?

In der Sinnlichkeit finde ich Sinn.

Nähe in der Umarmung

Wohlwollende Berührungen und Körperkontakt sind ein wichtiges Fundament für Nähe und Vertrauen. In Brasilien gibt es das wunderbare Wort *Cafuné*. Es ist Portugiesisch und bedeutet: Zärtlich mit den Fingern durch das Haar eines geliebten Menschen streichen. Einander zu umarmen ist ein Zeichen der Vertrautheit und Zugewandtheit. Fehlt sie über einen längeren Zeitraum, wird einem dieser Mangel schmerzhaft bewusst.

VICTORIA: *Ich mag es total gern, von Birk umarmt zu werden. Allerdings ist er durch seinen Job so vereinnahmt und unter Druck, dass er sich dazu durchringen muss, mich in den Arm zu nehmen. Ich muss ihn regelrecht darauf ansprechen, dass mir das fehlt. Wenn er sehr angespannt ist, fühlt er sich an wie eine Wand.*

BIRK: *Ich weiß, dass ich in solchen Situationen nicht im Nähe-Modus bin und mir eine Umarmung schnell wie eine Pflichtübung vorkommt, bei der ich Erwartungen erfüllen soll. Aber es ist gut, dass mich Victoria daran erinnert. Ich bemerke dadurch erst, wie angespannt ich bin.*

Es klingt komisch, aber auf der Arbeit geht es darum, zu funktionieren. Im Kontakt mit Victoria spüre ich, dass ich auch nur ein Mensch bin. Es kommt häufiger vor, dass ich durch den Körperkontakt zur Ruhe komme. Dann kann ich loslassen und Nähe erlauben. Die Wärme tut mir gut.

Wie gern eine Umarmung angenommen wird, können Sie auf diesem YouTube-Video sehen:

↗ https://www.facebook.com/100005911689143/posts/1775391189334587/?sfnsn=scwspmo.

Sie sehen darin einen jungen Mann, der mit verbunden Augen auf einem Bürgersteig steht. Auf dem Boden vor ihm befindet sich ein Schild mit den Worten: *Free hugs. Open to love.* Kostenlose Umarmung. Offen für Liebe. Sehen Sie selbst, was geschieht!

Die folgende Anregung verdanke ich dem amerikanischen Paartherapeuten David Schnarch. Sie lädt dazu ein, gemeinsam zur Ruhe zu kommen und in der Nähe des Partners aufzutanken. Sie ist nicht als Pflichtübung gedacht, sondern als Möglichkeit, sich selbst und den Partner achtsam wahrzunehmen.

Achtsame Umarmung

Stellen Sie sich bequem gegenüber. Achten Sie darauf, dass jeder gut geerdet mit beiden Beinen sicher auf dem Boden steht. Dann nähern Sie sich so weit an, dass Sie einander gut umarmen können. Es sollte eine für beide bequeme Position sein. Die Vorderseiten Ihrer Körper können sich sanft oder deutlich berühren. Probieren Sie ruhig verschiedene Varianten aus, bis es stimmig ist.

Dann schließen Sie die Augen und spüren Sie die Wärme Ihres Partners. Lassen Sie sich frei atmen. Genießen Sie den Kontakt und die Nähe. Die Umarmung sollte so lange dauern, bis Sie beide entspannt sind. Möglicherweise dauert es eine Weile, bis Sie beide spüren, wie Sie innerlich zur Ruhe kommen. Verweilen Sie in dieser Position so lange, wie es Ihnen angenehm ist. Öffnen Sie dann die Augen und schauen Sie sich an. Tauschen Sie sich darüber aus, was Sie empfunden haben.

Schöne Augenblicke in der Sexualität

Die Augen sind das Fenster zur Seele, heißt es. Haben wir etwas zu verbergen, senken wir die Augen und schauen einander nicht an. Öffnen wir uns füreinander, schenken wir uns „Augenblicke". Warum nicht auch in der Sexualität? Sich beim Sex in die Augen zu schauen kann ein Moment großer Intimität und Nähe sein, der Überraschungen bereithält:

JOHANNA: *Als mein Mann mir in die Augen schaute, war das ein naher und intensiver Moment. Ich war so erregt, dass ich urplötzlich weinen musste. Eine mir unbekannte Trauer brach aus mir heraus. Ich wollte sie stoppen, doch ich konnte es nicht. Mein Mann war erst irritiert, doch er hat mich liebevoll begleitet und mir das Gefühl gegeben, dass alles okay ist. Dafür bin ich ihm dankbar.*

Mein schönstes sexuelles Erlebnis

Um zu verdeutlichen, worum es in der Sexualität außer dem reinen Geschlechtsverkehr gehen kann, kann es helfen, sich an das schönste sexuelle Erlebnis zu erinnern.

Diana, Mutter zweier Kinder, hat in ihrer Ehe den Sex häufig nur über sich ergehen lassen. Bei der Erinnerung an ihr schönstes sexuelles Erlebnis ist sie zunächst verlegen, doch zugleich breitet sich eine fast „heilige" Stille aus. Sie ist irritiert und berührt zugleich. Doch allmählich gelingt es ihr, das Wesentliche dieser Erfahrung herauszukristallisieren: „Ich habe mich *gemeint* gefühlt."

Sie erinnert sich daran, wie schön dieser Moment war und wie sie sich damals zusammenreißen musste, um nicht in Tränen auszubrechen. Mit dem Abstand vieler Jahre wird ihr klar, dass sich darin der Kampf gegen einen alten Schmerz („Ich wurde von meinen Eltern nie gesehen, ich war ihnen nur lästig") spiegelte und zugleich die Sehnsucht danach, „angenommen zu sein".

„Liebe und Intimität sind das, was entsteht, wenn wir aufhören, es zu verhindern", meint der Tantra-Lehrer Saleem Matthias Riek. Beim Geschlechtsverkehr ist es nicht anders als im Straßenverkehr. Man möchte, dass es fließt, und mag es nicht, wenn einer auf die Bremse tritt. Spielen Ängste hinein, kontrahieren wir und halten Energie zurück. Schöpfen wir Vertrauen, kann die Energie wieder frei fließen.

Lars: *Wir haben es mit Slow Sex probiert und uns Zeit gelassen, in den Bewegungen innegehalten und uns angeschaut. Das war ungewohnt, weil ich Angst hatte, dann nicht weitermachen zu können. Doch dem war nicht so. Mir ist warm geworden und es ist eine ganz neue Nähe entstanden. Ich hatte den Eindruck, Tabea kraftvoll und verletzlich zugleich zu sehen. Das hat mich berührt.*

Tabea: *Mir hat das gutgetan. Ich habe zwar in Lars' Augen auch eine Wildheit gesehen, etwas Rohes, das mich zuerst beunruhigt hat. Doch das hat sich gelegt, weil ich gleichzeitig seine Weichheit gespürt habe. Er hat mich zärtlich angeschaut. Gleichzeitig habe ich mich begehrt und ganz weiblich gefühlt.*

Es gibt neben der genitalen Vereinigung viele Möglichkeiten, mit dem Partner intim zu sein: Man kann sich in den Armen halten, miteinander atmen, einander sensible Gedanken anvertrauen, sich betrachten, Musik und Natur genießen, eine Massage teilen oder ein Baderitual genießen. Nähe entsteht primär nicht durch sexuelle Techniken, sondern durch eine Offenheit für den Augenblick und die Achtsamkeit sich selbst und dem Partner gegenüber.

Reflexion

1. Was war bisher meine schönste und lustvollste erotische Erfahrung?
2. Was genau war das Besondere daran?
3. Wie konnte ich in diesem Moment sein?
4. Welche Gefühle schwangen mit?

Indem wir Sinnlichkeit und Intimität erlauben, finden wir zu uns selbst und zueinander.

Es muss nicht immer Kaviar sein

Sinnliche Nähe wird durch einen guten Kontakt zueinander möglich und angenehm. Das beinhaltet, bei sich selbst zu bleiben, um zu spüren, was man möchte und einem guttut. Erst dann lässt sich der erotische Dialog lebendig und spielerisch gestalten. Das gilt auch für das Essen.

Liebe geht – wie Sie bereits in Abschnitt 4.2 über den TLC-Faktor erfahren haben – durch den Magen. Sich gegenseitig mit einem Essen zu verwöhnen fördert das Gefühl von Verbundenheit und Nähe. Besonders dann, wenn es sich um die Lieblingsspeise des Partners handelt. Ich kann aus eigener Erfahrung bezeugen, wie nah ich mich meiner Frau fühle, wenn sie exklusiv für uns und mich „Risotto alla milanese" zubereitet. Andererseits freut sie sich über meine Spezial-Paella mit exquisiten Meeresfrüchten.

Essen hat darüber hinaus eine sinnliche Komponente. Schon seit Urzeiten weiß man um die enge Verbindung von Eros und Essen. Aphrodite, die griechische Göttin der Liebe und Verführung, kannte die geheime Wirkung ausgewählter Speisen und Ingredienzien. Das indische Kamasutra kennt die aphrodisierenden Verlockungen seltener Kräuter und Gewürze. Kaviar gilt beispielsweise als 5-Sterne-Aphrodisiakum und auch der Granatapfel, im Volksmund scherzhaft „Sündenfallobst" genannt, ist eine „erotische Delikatesse". Es gibt also viele Wege, den Partner „weichzukochen".

Sinnliches Liebesmahl

Besprechen Sie mit Ihrem Partner, welche Speisen und Getränke Sie zusammen lustvoll genießen wollen. Vielleicht gibt es ein „Leibgericht“. Oder einer von Ihnen möchte sich überraschen lassen. Inszenieren Sie Ihr Liebesmahl in einem stimmungsvollen Rahmen. Zaubern Sie durch intime Beleuchtung, feine ätherische Öle und ein raffiniertes Tischarrangement einen Hauch von Erotik in die gute Stube.

Wählen Sie betont sinnliche Kleidung aus und lassen Sie Ihren Partner spüren, wie wohl Sie sich in Ihrer Haut und seiner Gegenwart fühlen. Wecken Sie den Geruchssinn, indem Sie ein wohlriechendes Parfum oder Rasierwasser auftragen. Lauschen Sie den Klängen einer sinnlich-anregenden Musik und genießen Sie Ihr Liebesmahl.

Sie erinnern sich noch daran, dass eine Prise Humor ebenfalls Nähe schafft? Wenn Sie dann Wochen später wieder bei einem gewöhnlichen Kantinenessen zusammensitzen, geht es Ihnen vielleicht wie Tina mit ihrem Partner. Plötzlich fragt Tina ihren Peter: *Sag mal, wie hieß doch gleich das italienische Zeugs, auf das ich so scharf war?* Knurrt er: *Eros Ramazzotti!*

Der Kuss – ein Lippenbekenntnis zur Liebe

Eine wichtige intime Geste in einer Beziehung ist der Kuss. Vermutlich kennt jeder das berühmte Bild „Der Kuss“ von Gustav Klimt. Es vermittelt einen Eindruck von der Schönheit und Ästhetik des Küssens. Als Alltagsritual zur Begrüßung am Morgen und als Gutenachtkuss am Abend. Zur Begrüßung und zum Abschied. Ein zärtlicher Kuss spendet Vertrauen und bekundet Nähe. Ein saftiger Zungenkuss zeigt erotisches Interesse, Lust und Begehren. Schließen wir beim Küssen die Augen, spüren wir die Nähe und Gefühle meist noch intensiver. Wie wichtig der Kuss ist, zeigt sich, wenn er fehlt oder verweigert wird.

Ich mag es, geküsst zu werden

MATILDA: *Ich küsse gerne und mag es, geküsst zu werden. Aber Til ist da eher sparsam.*

TIL: *Ich lege einfach nicht so viel Wert darauf. Jedenfalls im Alltag nicht.*

MATILDA: *Es kommt mir so vor, als würde ich auf dem Trockenen sitzen. Am Anfang unserer Beziehung habe ich befürchtet, nicht begehrenswert zu sein. Da habe ich gedacht, du bist gefühllos.*

TIL: *Das ist aber nicht so. Ich musste früher immer den Verwandten einen Kuss geben. Das war mir zuwider. Vielleicht habe ich deswegen eine Abneigung gegen den Alltagskuss.*

Neben der persönlichen Vorliebe für das Küssen spielen die Vorerfahrungen eine wichtige Rolle. Das Prinzip der Freiwilligkeit, das dem Küssen zugrunde liegt, wurde von Tils Eltern leider übergangen.

Die Art des Kusses oder das Verweigern eines Kusses ist ein zuverlässiger Indikator für die Balance von Nähe und Distanz.

Der Philosoph und Essayist Alexandre Lacroix hat den Eindruck, Küssen sei eine Art Liebesbarometer. Das ist tatsächlich so. Ich würde ergänzen: Die Art des Kusses oder das Verweigern eines Kusses ist ein zuverlässiger Indikator für die Balance von Nähe und Distanz.

ISABELLE: *Du küsst mich heute immer nur ganz kurz und mit spitzen Lippen. Ist irgendwas?*

FRIEDERIKE: *Ich bin noch sauer darüber, wie schroff du mich gestern abgewiesen hast. Ich wollte dir nur kurz etwas zeigen und du hast kühl gesagt: „Jetzt nicht!"*

ISABELLE: *Deswegen bist du so distanziert?! Das tut mir leid, ich war gestern unter Stress.*

FRIEDERIKE: *Es wäre schön gewesen, wenn du das auch gesagt hättest. Dann hätte ich es einordnen können.*

Zum Glück ist dieser Konflikt für Isabelle und Friederike durch ein offenes Gespräch zu klären und aus der Welt zu schaffen. Besiegelt durch einen Versöhnungskuss und gegenseitiges Verständnis können sie wieder liebevoller miteinander umgehen.

Küss mich, als wäre es das letzte Mal

In unserer Zeit ist der Kuss ein Zeichen von Zuneigung. Das war nicht immer so eindeutig. Lacroix weist darauf hin, dass es im alten Rom drei Worte für den Kuss gab. *Basium* war der Kuss innerhalb von Familien, der Verbundenheit ausdrückte. *Osculum* war ein unschuldiger Kuss. Ein Zeichen der Anerkennung unter Gleichgesinnten. *Suavium* war der Kuss der Liebenden. Bei den Römern spielte Letzterer eine untergeordnete Rolle.

Mit der Entstehung des Films tauchte der Kuss erstmalig gut inszeniert im Kino auf. In dem legendären Liebes- und Flüchtlingsdrama *Casablanca* gibt Ingrid Bergman wohl die ultimative Empfehlung für einen guten Kuss. Sie bittet Humphrey Bogart: „Küss mich, als wäre es das letzte Mal!"

Wurde in den frühen James-Bond-Filmen noch ausgiebig und filmreif geküsst, war dies Daniel Craig in *Skyfall* schon nicht mehr vergönnt. Lacroix stellt mit Bedauern fest, dass es darin keine romantische Kussszene mehr gibt. Ich schließe mich ihm an. Doch anscheinend ist das Bedürfnis, etwas über die „richtige Art" des Küssens zu erfahren, ungebrochen. Insbesondere bei jungen Menschen. Im Internet finden sich zahlreiche „How to kiss"-Tutorials, in denen Informationen über das Küssen vermittelt werden.

Küssen nicht vergessen

Fassen wir zusammen: Ein Kuss lügt nicht. Er hat etwas Wahrhaftiges und gibt Auskunft über den Stand der Beziehung. Er verbindet, wenn er stimmig, freiwillig und gewünscht erfolgt. Er trennt, wenn er widerstrebend, kühl und flüchtig geschieht. Bleibt er über längere Zeit ganz aus, ist zu vermuten, dass die Beziehung abgekühlt ist und ihr etwas Wesentliches fehlt: Verbundenheit, Vertrauen und Innigkeit.

Man sollte das Küssen nicht vernachlässigen. Der Schriftsteller Joseph Conrad hielt den Kuss für das, was von der Sprache des Paradieses übrig geblieben ist. Hat man eine liebevolle und nahe Beziehung zu sich selbst und seinem Partner aufgebaut, kann man sich durch jeden liebevollen Kuss ein kleines Stück „Paradies auf Erden" erhalten.

Reflexion

1. Welche Art des Küssens mag ich besonders gern?
2. Welche Kuss-Rituale pflegen wir in unserer Beziehung?
3. Bin ich mit unserer Kuss-Kultur zufrieden? Fehlt mit etwas?

Mit einem Kuss zeige ich, was ich wirklich empfinde.

4.6 Nähe durch gemeinsame Interessen und geistige Verbundenheit

Wir sammeln viele Eindrücke, über die wir uns austauschen

Gemeinsame Interessen stärken eine Beziehung. Sie tragen dazu bei, gemeinsame Erfahrungen zu machen, die man miteinander teilen kann. Dadurch entsteht Nähe. Die Beziehung wird bereichert, weil man nicht nur um sich selber kreist und dadurch verarmt, sondern in einen lebendigen Austausch tritt.

Paare, die ihre Energie und Aufmerksamkeit fast ausschließlich den Themen ihrer Partnerschaft widmen, sind gefährdet. Sie laufen Gefahr, sich zu wiederholen und einander überdrüssig zu werden, weil sie keine Anreize mehr von außen bekommen. Nadja bringt es auf den Punkt.

NADJA: *Wir haben nur noch über uns geredet. Außerhalb unserer Beziehung gab es lange Zeit nichts. Wir wurden aneinander müde, langweilten uns und mussten was unternehmen.*

Lob des Dritten

Einer Beziehung von zwei Personen tut es gut, eine Beziehung zu etwas Drittem zu haben (Abb. 4.1). Gemeinsame Unternehmungen können belebend wirken. Nadja und ihr Freund entdecken das Kanuwandern und ihre Liebe zur Natur.

NADJA: *Wir haben dadurch ein gemeinsames Interesse am Naturschutz entwickelt und uns einem Verein angeschlossen, der sich für die Wiederherstellung von naturnahen Lebensräumen engagiert. Es hat jeden von uns lebendiger gemacht und unsere Beziehung profitiert davon.*

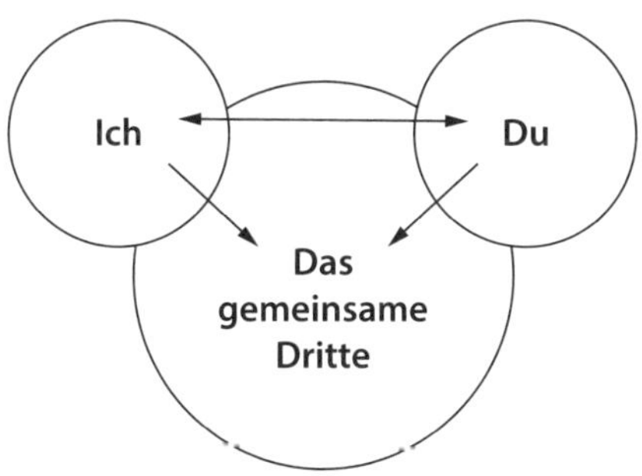

Abbildung 4.1: Das gemeinsame Dritte

Andere Paare haben bereits von Anfang an ein gemeinsames Interesse oder Hobby gepflegt oder sich sogar darüber kennengelernt. Ann-Kathrin und Torsten pflegen ein Hobby, bei dem sie sich auch körperlich nah sind.

Uns verbindet die Liebe zum Tango

TORSTEN: *Wir haben uns beim Tangotanzen kennengelernt. Wir gehen zweimal in der Woche zum Tanzen und haben darüber viele nette Leute kennengelernt.*

ANN-KATHRIN: *Die Tangoszene ist groß. Es gibt zahlreiche Veranstaltungen und Tangolokale überall auf der Welt. Wir sind im Urlaub fast immer in Ländern, in denen wir Tango tanzen können. Durch die Reisen sammeln wir viele Eindrücke, über die wir uns austauschen.*

TORSTEN: *Natürlich haben wir auch mal schlechte Tage und Konflikte. Das spürt man beim Tanzen dann natürlich hautnah. Doch wir haben gelernt, damit umzugehen. Grundsätzlich verbindet uns die Liebe zum Tango, sie schafft Vertrauen und Nähe.*

Der geistige Austausch schafft Nähe

Einer Beziehung bekommen sowohl emotionale als auch geistige Nähe gut. „Ein gesunder Geist in einem gesunden Körper“ heißt es im Kontext der Körperertüchtigung. Ein gesunder Geist und anregender geistiger Austausch tun auch dem „Beziehungskörper“ gut. Georg und Norbert berichten:

GEORG: *Wir lesen gern gemeinsam das gleiche Buch und tauschen uns darüber aus. Ich finde es bereichernd, Norberts Gedanken kennenzulernen. Manchmal empfinden wir den Inhalt ähnlich, manchmal vollkommen unterschiedlich. Dann wird es spannend, weil wir verstehen möchten, wie es zu einer vollkommen unterschiedlichen Einschätzung kommt.*

NORBERT: *Das Interesse an Büchern, Kultur und Politik haben wir beide mit in die Beziehung gebracht. Georg schlägt hin und wieder Bücher vor, die mir fremd sind. Ich tue das umgekehrt auch.*

GEORG: *Schmökernd auf dem Sofa zu sitzen und die Themen eines Buches zu diskutieren gehört zur DNA unserer Beziehung. Der geistige Austausch schafft Nähe.*

Emotionale Nähe und Verbundenheit werden durch gemeinsame Interessen genährt.

Felicitas und Wilhelm sind kreative Menschen. Sie haben ein gemeinsames Hobby, dem sie sich engagiert widmen.

Wilhelm: *Wir haben vor 12 Jahren eine Band gegründet. Das Interesse an Musik und dem Musizieren mit anderen teilen wir von Anfang an.*

Felicitas: *Die Band kommt mir manchmal vor wie ein gemeinsames Kind, um das wir uns kümmern.*

Wilhelm: *Das stimmt. Sie verbindet uns und verlangt unsere Aufmerksamkeit. Wir hören gemeinsam viel Musik und suchen nach Anregungen.*

Felicitas: *Wilhelm interessiert sich für meine Texte. Er nimmt meine Ideen auf und gibt Anregungen, die dann meist zu einem neuen Lied führen.*

Wilhelm: *Dieser schöpferische Prozess bedeutet mir viel. Er ist eine besondere Art, Nähe zu spüren.*

Reflexion

1. Was ist die DNA unserer Beziehung?
2. Welche gemeinsamen Interessen haben wir?
3. Pflegen wir unsere gemeinsamen Interessen?

Indem wir gemeinsame Interessen pflegen, erhalten wir unsere Beziehung lebendig und schaffen Vertrauen und Nähe.

Abbildung 4.2: Nähe zum Wir – Quality-time und Beziehungspflege

5. Die gute Nähe zu sich selbst – Heimat in sich selber finden

Der Blick in die Geschichte der menschlichen Bindungsstile (vgl. dazu auch Kapitel 6.2) hat deutlich gemacht, dass die Nähe zu einem anderen Menschen nicht nur mit positiven Gefühlen einhergeht. Waren die relevanten Bezugspersonen gar nicht oder nur unzureichend in der Lage, uns wohlwollend anzunehmen und zu spiegeln, hat uns das geängstigt, beschämt, traurig, verzweifelt, einsam, hilflos oder zornig gemacht. In der Nähe zu den ersten wichtigen Menschen in unserem Leben konnten wir dann nicht wirklich zu uns selber finden.

Um über die Runden zu kommen und nicht vollkommen allein zu sein, haben wir viele Strategien gefunden, um uns zu schützen oder zumindest ein Mindestmaß an Zuwendung zu bekommen. Doch eine Beheimatung in der Beziehung, ein Ankommen wurde dadurch nur bedingt möglich. Die erste Beziehung war dann kein Heimathafen, in dem man zur Ruhe kommen und sich sicher fühlen konnte.

Vor diesem Hintergrund ist es besonders wichtig, eine gute Nähe zu sich selbst aufzubauen. Sich selbst nah sein zu können ist kein Mangel, sondern eine Stärke und ein großer Schatz. *Das Kind in dir muss Heimat finden,* hat es die Psychologin Stefanie Stahl treffend auf den Punkt gebracht. Wenn Sie sich selbst etwas von dem zukommen lassen, was früher gefehlt hat, werden Sie Ihre Beziehung stärken. Sie werden weniger dazu neigen, Ihren Partner durch ein Drängen auf die Erfüllung früherer Versagungen in die Enge zu treiben und zu überfordern. Wie wichtig das ist, verdeutlichen die Erfahrungen von Maria. Sie schildert ein Dilemma, welches ihr in ihrer Beziehung immer wieder begegnet.

Er soll immer erreichbar und für mich da sein

MARIA: *Ich möchte, dass mein Freund sich mehr um mich kümmert. Ich verstehe, dass er das nicht 24 Stunden am Tag leisten kann. Es ist vollkommen irrational, aber am liebsten möchte ich, dass er immer erreichbar und sofort da ist, wenn ich ihn brauche. Mir ist klar, dass das viel zu viel ist und ihn überfordert. Dennoch bin ich enttäuscht, obwohl er sich wirklich Mühe gibt, für mich da zu sein.*

In ihrer Familie mit fünf Geschwistern war Maria immer pflegeleicht. Wenn Sie aufbegehrte und eigene Wünsche formulierte, wurde ihr vorgeworfen, nur an sich selbst zu denken.

MARIA: *Dadurch bin ich viel zu durchlässig für Kritik geworden. Negative Bemerkungen beschäftigen mich stundenlang. Ich denke automatisch, dass ich etwas falsch gemacht habe. Bei meinem Freund empfinde ich jedes Stirnrunzeln bereits als Vorwurf. Ich habe mich viel zu sehr zurückgenommen und versucht, es allen anderen recht zu machen. Doch das geht nicht mehr, weil ich verstanden habe, dass ich dabei zu kurz komme.*

Maria und ihr Freund sind irritiert. Einerseits sind ihre Wünsche nach mehr Aufmerksamkeit normal, andererseits ist dieser Wunsch durch den Mangel an Zuwendung in ihrer Kindheit übergroß. Dies führt dazu, dass ihr Partner sich distanziert, weil er sich durch die massiven Forderungen bedrängt fühlt und nicht versteht, was los ist.

Maria beginnt, ihre Gefühle zu differenzieren, indem sie die als Frau von denen der kleinen Maria unterscheidet. Das tut ihr und ihrer Beziehung gut. In einer Imagination wendet sie sich der vernachlässigten Maria zu. Im Anschluss zeichnet sie dazu ein Bild (Abb. 5.1).

Ich werde mir selbst eine gute Mutter

Abbildung 5.1: Zuwendung für die kleine Maria

Maria: *Da ist jetzt ein Schutzschild. Ich grenze mich nach außen ab. Früher prasselten Vorwürfe und Anforderungen meiner Mutter auf mich ein. Ich sollte mich immer um meine jüngeren Geschwister kümmern, aber wer kümmerte sich um mich? Ich werde mir selbst eine gute Mutter und schütze mich jetzt, indem ich mein Herz für die kleine Maria öffne. Die ist allerdings stinkwütend, weil sie bisher nicht bekommen hat, was sie brauchte. Sie ist noch trotzig und lässt mich nicht sofort an sich heran. Doch eigentlich ist sie traurig und braucht Trost und Zuspruch. Ich rede ihr gut zu und erkläre ihr, warum ihre Mutter nicht so gut für sie da sein konnte und ich das jetzt als Erwachsene mache. Das beruhigt sie etwas.*

Ich kann jetzt liebevoller mit mir sein

Allerdings bin ich als Erwachsene auch ambivalent und sauer, dass ich jetzt die gute Mutter sein muss. Schließlich war das der Job meiner Mutter, sich um mich zu kümmern. Aber es ist ein Fortschritt, weil ich mir und meiner Trauer, meiner Wut und meinen berechtigten Wünschen näherkomme. Meine Gefühle kann ich jetzt besser sortieren. Ich kann jetzt liebevoller mit mir sein.

Die Erfahrungen von Maria zeigen, dass hinter dem heftigen Ärger meist noch andere Gefühle und Bedürfnisse verborgen sind. In ihrem Fall sind es die Trauer und der Schmerz über die versagende und überfordernde Mutter. Aber auch die Angst, nicht zu bekommen, was sie benötigt, sowie die Sehnsucht, verstanden und gesehen zu werden.

Die Beziehung zu sich selbst ist gewissermaßen die längste Beziehung in unserem Leben. Es lohnt sich also, diese Beziehung zu pflegen. Gelingt es uns, „Ja" zu all unseren Facetten zu sagen, und seien sie noch so widersprüchlich und schmerzhaft, kann eine Verwandlung geschehen. Die Energie, die bislang in die Abwehr der unangenehmen Gefühle investiert wurde, beginnt zu fließen. Selbstliebe und Selbstfürsorge können wachsen. Der bekannte Begründer der Gesprächspsychotherapie, Carl Rogers, hat die Bedeutung der Selbstakzeptanz hervorgehoben: „Wenn ich mich so, wie ich bin, akzeptiere, dann ändere ich mich. Ich bin davon überzeugt, dass wir uns nicht ändern können, bis wir völlig akzeptieren, was wir sind. Dann ereignet sich fast unmerklich die Veränderung" (2018).

5.1 Verbunden mit dem, was uns ausmacht

Eigentlich bin ich eine kraftvolle und lebendige Person

Die gute Nähe zu sich selbst stellt eine Verbindung zu dem her, was uns ausmacht. Man könnte es den Kern oder das Wesen unserer Persönlichkeit nennen. Das, was uns einzigartig macht und von anderen unterscheidet, aber auch mit ihnen verbinden kann. Unter Umständen spüren wir jene Seiten, die wir selbst vernachlässigt haben. Maria beschreibt, wie sie sich selbst neu entdeckt.

Maria: *Meine Sensibilität hat auch eine gute Seite. Ich habe eine künstlerische Seite in mir und male gern. Das habe ich schon als Kind gern getan. Die Künstlerin in mir habe ich lange vernachlässigt, weil mir der Beruf wichtiger war. Die möchte ich mehr leben lassen. Ich habe mir schon eine Staffelei, Leinwände und Farben gekauft.*

Außerdem habe ich verstanden, wie sehr ich mich aus Angst vor Ablehnung zurückgenommen habe, dabei aber innerlich immer gegrollt habe, weil andere so egoistisch sind. Ich möchte nicht rücksichtslos werden, aber einen gesunden Egoismus entwickeln. Eigentlich bin ich eine kraftvolle Person, auch die kleine Maria ist gern auf Bäume geklettert. Sie war sehr lebendig und neugierig, das bin ich bis heute geblieben.

Reflexion

1. In welcher Situation hatte oder habe ich das Gefühl „So bin ich und nicht anders!"?
2. In welchen Momenten bin ich vollkommen ich selbst?
3. Am glücklichsten bin ich, wenn …

Ich entdecke meine schönen, lebendigen Seiten, freue mich an ihnen und lasse sie leben.

Heimat in sich selber finden

Eine Heimat in sich selber zu finden kann ein langwieriger Prozess sein. Dieser erfordert eine freundliche und wohlwollende Haltung sich selbst gegenüber. Um sich selbst annehmen zu können, gilt es, Hindernisse in Form von entwertenden Zuschreibungen zu überwinden.

Aranja stammt aus Thailand. Sie hat ihre Eltern wenig empathisch, sogar feindselig erlebt. Von beiden Eltern wurde sie geschlagen, oft grundlos. Aranja wurde oft sich selbst überlassen. Sie hätte ihre Mutter gern umarmt, aber diese ließ das selten zu. Dann kam sie für einige Zeit in eine Pflegefamilie, in der sie sich zwar sicher und unterstützt fühlte, aber auch wie ein Fremdkörper vorkam. Besonders hat es sie geschmerzt, dass der Vater die Mutter später für eine Frau verließ, die kaum älter war als sie selbst, und mit ihr ein Kind bekam. In ihren bisherigen Beziehungen suchte sie sich ältere Männer, die ihr einerseits Schutz boten, sie andererseits ausnutzten.

ARANJA: *Für meine Eltern war ich eine Last. Das haben sie mich spüren lassen. Ich hatte den Eindruck, als wäre ich jederzeit ersetzbar. Ich kam mir vor wie ein Flüchtling. Am liebsten wollte ich verschwinden. Ich mag mich selbst nicht und kann nicht glauben, dass mich jemand mögen könnte. Ich habe von Anfang an gelernt, minderwertig und unattraktiv zu sein. Ich kam mir wie eine Sache vor, nicht wie ein Mensch.*
Ich denke oft, dass ich nirgendwo hingehöre und kein Zuhause habe, schon gar nicht in mir. Mein Ur-Ich ist verloren gegangen. Ich habe jahrelang nur funktioniert. Meine Seele hatte keine Eltern.

Aranja erlebt sich zunächst entfremdet und ohne Lebensfreude. Einen sicheren Ort in sich selbst kann sie lange nicht finden. Wenn sie in sich hineinspürt, entdeckt sie eine große Einsamkeit und Leere. Sie hat den Eindruck, allein in der Weite des Universums umherzufliegen. Es kommt ihr so vor, als wären alle Gefühle auf Eis gelegt. Sie ist überzeugt davon, niemandem etwas zu bedeuten. Doch sie beginnt, die schmerzhaften Erfahrungen zu betrauern und innerlich aufzutauen. Zum Glück gibt es einen wichtigen Halt, den sie wiederentdeckt, ihr Klavier.

ARANJA: *Was mich immer gerettet hat, war die Musik. Meine Pflegeeltern waren streng, aber sie haben mein Talent erkannt und mir Musikunterricht ermöglicht. Musik ist ein Kosmos, in dem ich mich wohlfühle* (vgl. Abb. 5.2).

Abbildung 5.2: Musik als Halt gebender Kosmos

5.2 Ich bin wieder ein Mensch

Sich mit sich selbst anzufreunden, sich anzunähern ist ein Prozess, der nicht nur einmal durchlaufen wird. Aranja durchlebt und durchleidet zahlreiche schmerzhafte und schambesetzte Erinnerungen.

ARANJA: *Ich fühle jetzt. Das ist positiv, auch wenn es wehtut. Ich bin lebendig. Nachts bekomme ich Angst vor der Heftigkeit meiner Gefühle und werde abwechselnd traurig und wütend. Zum ersten Mal seit langer Zeit habe ich das Gefühl, wieder ein Mensch zu sein.*

Sie schwankt zwischen Resignation und Zuversicht. Doch sie beginnt, sich selbst und ihrer Lebensgeschichte mehr Verständnis entgegenzubringen. Sie schreibt ihre Gedanken und Empfindungen ausführlich auf. Sie beginnt, sich selbst mit Wohlwollen zu begegnen.

ARANJA: *Ich versuche, ein bedingungsloses Ja zu allen Gefühlen, Bedürfnissen und Wünschen zu entwickeln. Das alles bin ich. Meine Gefühle gehören zu mir. Ich komme mir selber nah und das ist gut so. Neben den schrecklichen Erinnerungen habe ich jetzt auch frohe und freie Seiten in mir entdeckt. Das ist schön.*

Sie nimmt die Anregung auf, einen Ort für ihre vernachlässigte Seele, die sich bisher einsam und elternlos fühlte, in sich selbst aufzuspüren. Aranja möchte einen inneren Raum finden, der ihrer Seele guttut. Sie entwickelt eine Vorstellung davon, wie diese innere Heimat aussehen kann, und zeichnet sie (Abb. 5.3).

Abbildung 5.3: Arania: „Das ist mein Herz"

ARANIA (beschreibt ihr Bild): *Das ist mein Herz. Ich spüre mehr Liebe für mich selbst. Ich habe mich etwas geschminkt. Das ist ein Zeichen dafür, dass ich mich selbst wichtig nehme und mich attraktiv finde. Die Schmetterlinge sind ein Zeichen für eine romantische Liebe, die ich mir wünsche. Das habe ich mich lange nicht getraut. Ich habe ein Lenkrad gezeichnet. Ich möchte den Führerschein machen und unabhängiger werden. Und zwei Beine, denn ich bin jetzt auf dem Boden angekommen und kann auf meinen eigenen Beinen stehen.*

Auf meine Wange habe ich einen Apfel gezeichnet. Er ist ein Symbol für meinen inneren Reichtum. Dazu gehören gute wie schlechte Erfahrungen, die ich an andere weitergeben kann. Meine Liebe zur Musik, die Tasten eines Klaviers ummanteln mich und mein Herz. Das ist mein Schneckenhaus und mein Schutz.

Ich bin ein Teil von etwas. Das Gefühl berührt mich sehr tief. Mir kullern die Tränen. Das ist jetzt mein sicherer Ort. Ich trage ihn bei und in mir. Ich habe meine Mitte in meinem Herzen gefunden.

Aranja hat sich ihren Selbstwert zurückerobert und Selbstliebe entwickelt. Sie ist auf einem guten Weg, ihre Unabhängigkeit zu stärken. Mittlerweile hat sie einen Freund gefunden, der sie gleichwertig und mit Respekt behandelt.

Reflexion

1. Welches Bild finde ich für meine innere Heimat?
2. In welchen Momenten bin ich mir selbst ganz nah?
3. Was war mein bisher schönster Moment, wenn ich alleine war?

Indem ich liebevoll zu mir selbst bin, schaffe ich einen Wohlfühlraum und eine Heimat in mir selber.

6. Die schwierige Nähe

6.1 Nähe und Bindungserfahrungen

Das Kind in uns

Zum besseren Verständnis der Nähe-Distanz-Regulation lohnt es sich, einen ausführlichen Blick auf die Erkenntnisse der Entwicklungspsychologie und Bindungsforschung zu werfen. Diese verdeutlichen, warum Nähe Schwierigkeiten bereiten kann und Menschen ganz unterschiedlich auf das Angebot von Nähe reagieren.

Durch die sorgfältige Beobachtung des Interaktionsverhaltens von Kleinkindern und deren Müttern sowie von Affenbabys konnten Wissenschaftler wie Ainsworth, Bowlby, Spitz und Harlow bereits vor über 50 Jahren wertvolle Beiträge zum Verständnis des Bindungsverhaltens liefern. Eine Vermutung der Bindungsforscher geht dahin, dass die Erfahrungen, die man als Kleinkind mit seinen frühen Bezugspersonen gemacht hat, sich in den erwachsenen Beziehungen wiederfinden lassen. Blicken wir zunächst zurück.

Die kleinste menschliche Einheit ist nicht der Mensch, sondern sind zwei Menschen. Diese Feststellung von Bertolt Brecht bringt es auf den Punkt. Als Menschen gehören wir zur Gattung der Säugetiere und können ohne eine wohlwollende Fürsorge nicht überleben. Wir benötigen den Kontakt und die Nähe der Mutter, der Eltern oder anderer Bezugspersonen, die uns gut versorgen. Die positiv auf unsere Bedürfnisse reagieren. Die uns spiegeln, indem sie einen freundlichen Dialog beginnen, der uns vermittelt: *Du bist willkommen. Du bist nicht allein. Schön, dass du da bist!*

Die Qualität der Zuwendung ist wichtig.

Wegweisend waren die Experimente Harry Harlows mit Affenbabys im Jahr 1958. In einer bekannten Versuchsanordnung wurden den Rhesusäffchen in einer Schrecksituation zwei Drahtgestelle als Mutterersatz angeboten: Eines davon gab zwar Milch, bestand jedoch nur aus Draht. Ein anderes hingegen gab zwar keine Milch, war jedoch mit einem weichen Fell bekleidet. Die Affenbabys zogen fast alle das warme, kuschelige Fell dem Milch gebenden Drahtgestell vor. Harlow, der stark in der Tradition der Tierexperimente stand, wurde für die teils grausam anmutenden Testanordnungen kritisiert. Gleichwohl hat er als einer der Ersten auf die enorme Bedeutung der kindlichen Bindungserfahrungen hingewiesen. In anderen Versuchen mit Stoffpuppen verdeutlichte er, wie wichtig der Kontakt über die Augen der Bezugsperson ist. In den Augen erfährt man spiegelnde Resonanz, wohlwollende Liebe und die Bestätigung der eigenen Gefühle und Bedürfnisse.

Wärme und Kontakt kommen anscheinend vor der rein oralen Befriedigung, vermutlich nicht nur bei Kleinstkindern. Die emotionale Qualität der Berührung ist für die seelische Reifung bedeutender als die Versorgung mit Nahrung: Zärtlichkeiten austauschen, sich umarmen und streicheln sind wichtig. Liebevolle Worte zu hören, warme Augen-Blicke zu erleben und eine zugewandte Mimik fördern das Gefühl von Sicherheit und Geborgenheit. Gemeinsam Töne auszuprobieren, zu „brabbeln", zu lautmalen, zu summen, zu singen und dadurch wechselseitige Resonanz zu erleben schafft vertrauensvolle Nähe. Zärtlichkeit, wohlwollendes Lächeln und eine zugewandte Körpersprache sind auch für Liebende wichtig. Kleine Gesten der Zuneigung und warme Worte schaffen Nähe. Wärme und Geborgenheit stehen an erster Stelle. Wie wichtig Gestik und Mimik der Bezugsperson sind, zeigen eindrücklich die berühmten „Still-face"-Experimente des amerikanischen Entwicklungspsychologen Edward Tronick. Auf YouTube finden Sie dazu zahlreiche Videos, die zeigen, wie irritiert, verzweifelt und panisch ein Kind reagiert, wenn dessen Signale nicht beantwortet werden.

Wie bedeutsam Zärtlichkeit und Hautkontakt sind, belegen eindrucksvoll die Erfahrungen der amerikanischen Psychologin Tiffany Field vom Touch Research Institut in Florida. Sie hat sich der im Brutkasten liegenden Frühgeburten angenommen und nachgewiesen, dass Säuglinge, die dreimal täglich gestreichelt wurden, ihren Reiferückstand rascher aufholten. Sie konnten bis zu sechs Tage früher nach Hause entlassen werden als Kinder ohne Berührungszuwendungen. Bis dahin galt im tendenziell berührungsscheuen Amerika noch die Maxime „so wenig Berührung wie möglich". Medikamente, Apparate und Keimfreiheit sollten vorwiegend das Überleben der Säuglinge sichern. Doch die sensible Zuwendung von Haut zu Haut scheint vom Neugeborenen wie ein erster Gruß aufgenommen zu werden. Es spürt, dass es nicht verlassen, sondern willkommen ist und sein Hunger nach einem fühlenden Wesen auf ganze konkrete Weise gestillt wird.

„Der erste Kontakt zur Welt findet über die Haut statt"

Das sagt der Heidelberger Psychotherapeut Ludwig Janus, bei dem ich vor vielen Jahren eine Fortbildung besucht habe. Werdende Eltern können bereits vor der Geburt die Nähe zu ihrem Kind fördern. Von der sechsten bis zur 17. Schwangerschaftswoche breitet sich das Vermögen, Berührungsreize zu empfinden, rasch vom Gesicht in alle Hautregionen aus. Janus empfiehlt, das Kind schon vor der Geburt als vollwertiges Familienmitglied zu betrachten, denn emotionale Zuwendung und Präsenz können die Entwicklung und Beziehungsfähigkeit des Kindes fördern. Dabei sind verschiedenste Wege möglich: Streicheln, Reden, Musik hören und allgemeine Teilnahme am Leben der Familie.

Die Elternbeziehung beginnt schon vor der Geburt. Sein Kind willkommen zu heißen, ist demnach ganz einfach: Man wendet sich ihm innerlich zu, erzählt Geschichten, spricht es an und vermittelt ihm, erwünscht zu sein. Sonst könne man sich nicht richtig primär verankern und habe es später auch schwer, sich für wertvoll zu halten, meint Ludwig Janus. Die Psychologin Bettina Alberti fasst prägnant zusammen: *Die Seele fühlt von Anfang an!* (2005).

Indem ich liebevoll und zärtlich bin, baue ich Vertrauen und Zuversicht auf – zu mir, meinem Kind und meinem Partner.

6.2 Die Spuren der Vergangenheit

Je sicherer ein Kind an seine Eltern gebunden ist, desto fähiger wird es, seine Gefühle und Körperspannungen selber zu regulieren. Sein Selbstvertrauen wird wachsen und es wird emotionale Beziehungen zu anderen Menschen selbstverständlicher eingehen können. Vermutlich kann es auch mit Stress kompetenter umgehen, ohne aus der Bahn geworfen zu werden.

Um die Dynamik des Wechselspiels von Nähe und Distanz bei Erwachsenen besser zu verstehen, ist es hilfreich, die Beziehungserfahrungen in der Kindheit näher zu betrachten. Denn als Erwachsene tragen wir Spuren dieser früheren Erlebnisse in uns. Durch eine bewusste Auseinandersetzung können wir lernen, beziehungsfreundlicher mit den Auswirkungen ungünstiger Erlebnisse in der Kindheit umzugehen. So lässt sich besser verstehen, warum Nähe nicht ausschließlich positiv erlebt wird und Distanz überlebensnotwendig werden kann.

Entscheidend ist die Qualität der Beziehung und die liebevolle Wärme des Kontaktes.

Die Bindungsforschung hat sich ausführlich mit diesen Fragen befasst und wertvolle Erkenntnisse gewonnen. Sie hat vier unterschiedliche Bindungsstile herausgearbeitet, die ich Ihnen vorstellen möchte. Im Wesentlichen beziehe ich mich auf die Werke von Mary Ainsworth, John Bowlby und David Howe.

Die Hauptbezugsperson ist bei den meisten Kindern in unserer Kultur die Mutter. Selbstverständlich spielen der Vater und andere Bezugspersonen eine wichtige Rolle. Möglicherweise fallen Ihnen sofort Menschen und Situationen ein, an die Sie gern zurückdenken: liebevolle Großeltern, wohlgesonnene Lehrer, Erzieher, Ausbilder oder Freunde. Vielleicht denken Sie auch an Haustiere, die Ihnen vertraut und nah waren.

Die Bindungsstile können in den ersten vier Lebensjahren variieren. Das hängt davon ab, ob sich die Lebensumstände in dieser Zeit für das Kind beispielsweise durch die Geburt eines Geschwisters, einen neuen Partner und in der Folge neue Beziehungsangebote negativ oder positiv verändern.

Entsprechend passt das Kind unmerklich seine Reaktion auf die neue Situation an. Danach stabilisiert sich der Bindungsstil. Es gibt zahlreiche Forschungsergebnisse, die nahelegen, dass der früh erworbene Bindungsstil bei den meisten Menschen erhalten bleibt. Allerdings können durch neue Beziehungserfahrungen Aspekte der anderen Stile hinzukommen.

Ich möchte Sie jetzt dazu einladen, den Blick zu weiten. Möglicherweise erkennen Sie in der Beschreibung der Bindungsstile eigene Erfahrungen wieder. Oder Ihnen sind in Ihren erwachsenen Beziehungen einige der geschilderten Erlebnisse bereits begegnet.

Beginnen wir mit einem Bindungsstil, der sich vor dem Hintergrund äußerst schmerzhafter Erfahrungen gebildet hat. Der Betreffende benötigt dann sehr viel Distanz.

Die Bezugsperson ist die Ursache von Angst

Ich muss auf mich aufpassen. Da ist nichts zu holen. Nähe ist gefährlich!

Stellen Sie sich eine Mutter oder eine Bezugsperson vor, die Drogen konsumiert, depressiv oder psychotisch erkrankt ist. Sie ist kaum oder nicht in der Lage, gut für sich selbst zu sorgen, geschweige denn für jemand anderen. Möglicherweise hat sie versucht oder überlegt, ihr Kind nicht zu bekommen. Stellen Sie sich das Kind dieses Menschen vor. Nennen wir es Mara. Sie ist von dieser Person abhängig.

Die kleine Mara macht die Erfahrung, dass sie sich auf nichts verlassen kann. Die Beziehung zu diesem Menschen bietet ihr keinen Schutz. Sie kommt nicht zur Ruhe. Emotional ist diese Person für sie nicht erreichbar. Sie fragt sich, ob sie überhaupt willkommen ist. Ihre Not wird nicht erkannt, ihre Bedürfnisse zählen nicht.

Mara muss sich schützen

Diese Erlebnisse haben gravierende Folgen: Mara wird vermutlich ständig damit beschäftigt sein, irgendwie über die Runden zu kommen und sich zu schützen. Innerlich ist sie permanent alarmiert. Vermutlich ist sie mit ihren Gefühlen hoffnungslos überfordert und kann diese kaum regulieren.

Das Mädchen findet keine Strategie, mit der sie sich in einer solchen Konstellation Halt verschaffen kann. Oft blickt sie in leere, traurige oder kalte Augen, die feindselig wirken. Diesem Menschen nah sein zu müssen ist für Mara unerträglich (vgl. Abb. 6.1).

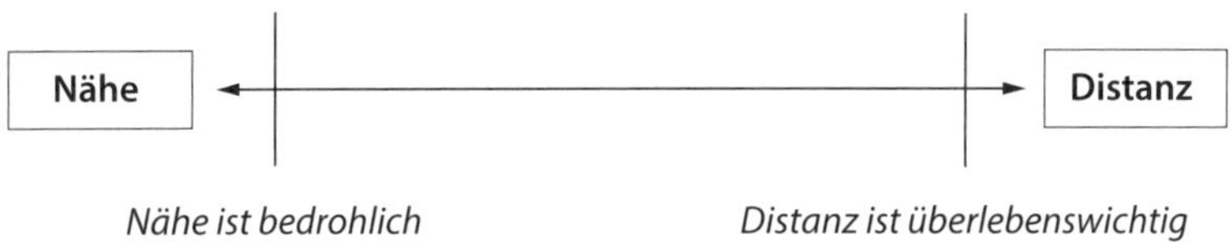

Abbildung 6.1: „Nähe ist gefährlich"

Sie versteht nicht, warum es so ist, wie es ist. Alles erscheint chaotisch und unzusammenhängend. Sie ist verwirrt und innerlich erstarrt. Mara versucht zu verstehen, warum sie sich auf nichts verlassen kann, und sucht die Ursache in sich selbst. Gedanken wie „Mit mir ist wohl was falsch", „Ich bin böse", „Ich bin es nicht wert, dass man sich um mich kümmert" sind Ausdruck einer tiefgreifenden Irritation und großer Selbstzweifel. Für all das kann Mara im Grunde nichts!

Dennoch speichert sie diese Beziehungserfahrungen ab. Sie kennt es nicht anders. Die negativen Erlebnisse legen sich wie ein Schatten über ihre Sicht der Welt. Sie verliert das Vertrauen in andere Menschen, selbst wenn diese in wohlwollender Absicht näher kommen. Ein großes Misstrauen begleitet sie, denn sie hat erlebt, dass eine für sie überlebenswichtige Bezugsperson sie nicht beruhigt, sondern ihr im Gegenteil *Angst* einflößt.

Es kann sein, dass sie versucht, diesen Menschen zu stützen. Vielleicht wird sie als Partnerersatz benötigt oder missbraucht. Dann fühlt sie sich benutzt. Dieser Mensch hat sich unberechenbar oder manipulativ gezeigt. Er hat widersprüchliche Signale gesendet und ist ihr feindselig begegnet. Die Quintessenz all dieser schlechten Erfahrungen lautet für Mara: Da ist nichts zu holen!

Eine große Aufgabe für die erwachsene Mara – und die Partner!

Die Schilderung einer solchen Beziehungskonstellation klingt dramatisch, und das ist sie auch! In einem solchen Umfeld kommt man nicht zur Ruhe. Gefühle und Gedanken können sich nicht sortieren, weil der emotionale Stress viel zu groß ist. Die Bindungsforschung nennt diese Art der Bindung „desorganisiert".

Wird die erwachsene Mara sich vertrauensvoll auf eine Beziehung einlassen können und Nähe vorbehaltlos genießen? Wie wird sie reagieren, wenn sie liebevolle Nähe erfährt?

Die unverarbeiteten Erfahrungen von Demütigung, Kränkung, Verlassenheit, Missbrauch und Verunsicherung können zu einem schwierigen Beziehungsverhalten mit Kontaktabbrüchen, heftigen Gefühlsschwankungen und irritierenden Verhaltensweisen führen. Möglicherweise nutzt die erwachsene Mara auch Suchtmittel, um sich zu beruhigen. Oder sie tröstet sich, indem sie mehr oder weniger isst. Oder sie verletzt sich selbst, flüchtet in übermäßige sexuelle Aktivität und kauft mehr, als sie benötigt. In diesen Aktionen spiegelt sich eine gravierende Verwirrung, welche durch Bindungs- und Vertrauensverletzungen hervorgerufen wurde.

Eine Variante dieses Bindungsstils könnte man, wie die Psychologin Bettina Alberti es tut, *emotional-missbräuchlichen* Bindungsstil nennen. Dieser entwickelt sich, wenn Kinder parentifiziert wurden, das heißt, wenn sie in einer Rollenumkehr die Funktion erhielten, einen Elternteil emotional zu versorgen und zu stabilisieren. Nähewünsche des Partners wecken bei diesen Menschen die tief verankerte Furcht, erneut emotional ausgebeutet zu werden. Sie fürchten, ihre Autonomie und sich selbst zu verlieren. Für die Betreffenden ist es wichtig, sich klarzumachen, dass sie nicht auf eine reale Situation reagieren, sondern auf eine abgespeicherte frühere Beziehungserfahrung.

Nicht nur für den Betroffenen, sondern auch für die Partner stellen die geschilderten Reaktionen und Verhaltensweisen eine große Belastung dar. In diesen Fällen ist eine psychologische Beratung oder Paartherapie sinnvoll und entlastend.

Ich verstehe, wie wichtig ein guter Schutz für mich ist, wenn ich mich bedroht fühle und Angst habe.

Die Bezugsperson gibt Sicherheit und Halt

Es gibt einen sicheren Hafen. Ich kann vertrauen! Nähe ist beruhigend.

Wenden wir uns dem entgegengesetzten Pol zu. Versetzen wir uns in die vorwiegend positive Beziehungserfahrung des kleinen Sven hinein.

Seine Mutter oder die für ihn wichtige Bezugsperson erweist sich als liebevoll und zugewandt. Sie ist zuverlässig und in der Lage, auf seine Bedürfnisse, Nöte und Ängste einzugehen. Einfühlsam vermag sie ihn zu trösten. Sie findet Wege und Worte, die ihn beruhigen, wenn er verunsichert, verärgert oder traurig ist. Er blickt in warme und liebevolle Augen. Sven fühlt sich verstanden und ernst genommen, weil sie empathisch reagiert. Dadurch lernt er, seine Gefühle einzuordnen und mit ihnen umzugehen. Seine Bezugsperson freut sich an und mit ihm. Sie ermutigt ihn und fördert seine Fähigkeiten (vgl. Abb. 6.2).

Abbildung 6.2: „Nähe ist beruhigend"

Er fühlt sich sicher in ihrer Nähe. Sobald etwas Bedrohliches auftritt, kehrt er zurück zum Heimathafen Mutter. Im Allgemeinen hört er auf die Mutter und mag es, in den Arm genommen zu werden. Wird er hingelegt, kann er das in den meisten Fällen akzeptieren. Ist die Mutter kurzzeitig abwesend oder entfernt sie sich, ist er traurig. Allerdings lässt er sich nach ihrer Rückkehr schnell von ihr trösten.

Sein Erleben wird gespiegelt. Dadurch kann er Strategien entwickeln, wie er mit belastenden Situationen und Ängsten umgehen kann. Sven muss sich keine Sorgen machen, im Stich gelassen zu werden. Er erlebt zwar, dass sein Gegenüber nicht immer und jederzeit die gleiche Stimmung hat, aber er weiß, dass man ihm wohlgesonnen ist und seine Grenzen respektiert. Wenn diese Person ihm Grenzen setzt oder keine Zeit und Muße hat, für ihn da zu sein, ist sie in der Lage, ihm die Gründe verständlich zu erklären. Sie ist verbindlich.

Sven kann vertrauen und sich entspannen

Diese Erfahrungen wirken sich positiv aus. Sven hat einen *sicheren Hafen,* den er jederzeit ansteuern kann. Geht es ihm schlecht, wendet er sich selbstverständlich an den Menschen, dem er vertraut. Er schätzt dessen Nähe und fühlt sich in dessen Gegenwart sicher und geborgen. Selbst wenn er einmal nicht erreichbar ist, weiß er, dass es ihn gibt und er nach seiner Rückkehr für ihn da sein wird. Er spürt, dass er diesem Menschen wichtig ist und er Interesse an ihm hat. Dadurch fühlt sich Sven geliebt und angenommen. Sven erfährt immer wieder, dass er einen Wert hat und in Ordnung ist. Sein Selbstbild ist freundlich: „Ich bin liebenswert“, „Ich bin okay so, wie ich bin!“, „Ich kann etwas dafür tun, dass es mir besser geht“, „Jemand ist für mich da, wenn ich ihn brauche“.

Vor diesem Hintergrund geht Sven zuversichtlich in die Welt und auf andere Menschen zu. Er kann sich auf eine Beziehung gefahrlos und vertrauensvoll einlassen. Was soll schon passieren? Nähe erlebt er grundsätzlich als angenehm und er kann seine Wünsche und Bedürfnisse direkt einbringen. Wenn ihn etwas stört, spricht er dies selbstverständlich an. Seine Gefühle, auch wenn sie unangenehm sind, kann er meistens gut einordnen, sortieren und benennen. Konflikte bringen zwar eine negative Spannung mit sich, lösen jedoch in ihm keine Panik aus. Sven verfügt über emotionale Kompetenzen, die ihm in seiner Beziehung zugutekommen. Er stellt sich auf einen kooperativen Umgang miteinander ein. Sven hat erfahren, wie ein gleichberechtigter und fairer Umgang aussieht. Selbst wenn man voneinander getrennt ist, bleibt er innerlich mit dem anderen Menschen verbunden. Die Bindungsforschung nennt diesen Stil „sicher gebunden und organisiert“.

Wird der erwachsene Sven große Probleme in der Regulation von Nähe und Distanz haben?

Der erwachsene Sven kommt meist gut zurecht

Der erwachsene Mensch mit diesem Bindungsstil bringt eine gute Portion Vertrauen mit in der Partnerschaft. Er schlägt sich selten mit Verlassenheitsängsten herum. Natürlich gibt es auch in seinen Beziehungen Konflikte, doch sie werden vermutlich weniger dramatisch erlebt. Sven kann die Nähe zum anderen gut ertragen und schätzt eine gewisse Intimität. Er fürchtet sich nicht davor, von anderen abhängig zu sein. Zudem ist er kaum irritiert, dass auch der andere ihn braucht. Er kann gut in einer Beziehung leben und seine Unabhängigkeit wahren. Nähe, gegenseitige Abhängigkeit und Intimität sind ihm vertraut und angenehm. Äußerungen wie „Ich liebe dich!“ – „Ich dich auch!“ oder „Ich brauche dich!“ – „Ich dich auch!“ können in diesem Beziehungsmodus relativ selbstverständlich ausgesprochen werden.

Bisher haben Sie die beiden extremen Pole kennengelernt. Der eine erscheint äußerst negativ, der andere möglicherweise märchenhaft positiv. Doch Beziehungserfahrungen sind selten schwarz-weiß. Es gibt Abstufungen und Nuancen. Darum geht es bei den folgenden beiden Bindungsstilen.

Ich kann sicher in mir ruhen und anderen Vertrauen schenken.

Die Bezugsperson ist zurückweisend

Ich muss alleine klarkommen. Es ist besser, so zu tun, als wäre alles in Ordnung! Nähe ängstigt mich.

Lassen Sie vor Ihrem inneren Auge das Bild einer Mutter oder einer Bezugsperson entstehen, die in Ruhe gelassen werden möchte. Die die Bedürfnisse ihres Kindes als störend erlebt. Nennen wir dieses Kind Julia. Sie macht die Erfahrung, mit ihren Wünschen nicht ernst genommen zu werden. Wenn sie Angst hat, bekommt sie zu hören: „Stell dich nicht so an!" Ist sie beunruhigt, heißt es: „Geh spielen, beschäftige dich selbst!" Möchte sie in den Arm genommen werden, wird sie entweder kurz geduldet oder erfährt: „Lass mich in Ruhe, jetzt nicht!" Julia blickt in ärgerliche Augen, die zum Ausdruck bringen, dass sie im Moment nicht wirklich erwünscht ist. Sie wird vertröstet und zurückgewiesen. Zeigt Julia Interesse und stellt Fragen, lautet die Antwort: „Du nervst!"

Solange Julia keine Bedürfnisse äußert und keine Anforderungen stellt, wird sie gut behandelt. Zeigt sie sich als liebes, braves und angepasstes Kind, erhält sie etwas Zuwendung. Sie versucht daraufhin, es anderen recht zu machen. Stellt sie Ansprüche oder ist sie nicht so, wie es erwartet wird, wird sie getadelt. Sie blickt dann in ein abweisendes oder zorniges Gesicht. Ihr wird vermittelt, dass ihre Anliegen unerwünscht sind. Wenn sie etwas möchte, bringt ihre Bezugsperson offen oder nonverbal zum Ausdruck, dass sie ihr zur Last fällt. Julia denkt: „Ich bin nicht liebenswert", „Meine Bedürfnisse zählen nicht", „Es ist wohl besser, nichts mehr von mir zu zeigen!", „Mich versteht eh keiner", „Am besten ist es wohl, ich tue, was von mir erwartet wird".

Julia tut so, als wäre sie stark

Julia vermeidet fast jede Nähe (Abb. 6.3). Sie hat mit Nähe keine guten Erfahrungen gemacht. Sie hat aufgegeben und beschlossen, ihre Gefühle zu unterdrücken. Jede Aufregung und Verletzlichkeit müssen verborgen werden. Ihre Angst vor einer kränkenden Zurückweisung ist groß geworden. Außerdem fürchtet sie, verlassen oder mit Nichtachtung bestraft zu werden, wenn sie zeigt, was sie bewegt und möchte. Sie kann sich nur auf sich selbst verlassen. Ganz selten, nur wenn es gar nicht anders geht, weil der innere Druck zu groß geworden ist, platzen die Gefühle aus ihr heraus. Doch dann kann erst recht keiner etwas damit anfangen. Julia tut so, als wäre sie unabhängig und stark. Es kann sogar sein, dass sie sich sozial weit zurückzieht und die Nähe zu anderen meidet.

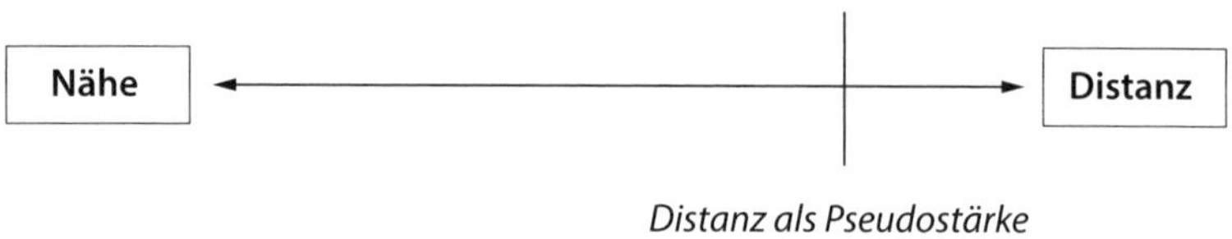

Abbildung 6.3: „Nähe ängstigt mich“

Sie musste zu früh erwachsen und selbstständig werden. Julia vermeidet es, schwach oder bedürftig zu wirken. Sie kommt nicht mehr auf die Idee, um Unterstützung zu bitten. Schließlich hat sich in ihr das Bild verfestigt, dass andere Menschen gleichgültig, lieblos und abweisend sind. Sie hat es nicht anders kennengelernt. All diese Erfahrungen führen zu einem „unsicher-vermeidenden“ Bindungsstil, der im Erwachsenen zu einem „distanzierten oder abweisenden“ Bindungsmuster führt.

Wird die erwachsene Julia Nähe und Intimität erlauben oder sogar suchen?

Die erwachsene Julia braucht Distanz und will alleine klarkommen

Beim Erwachsenen kann sich dieser Bindungsmodus in einem Unbehagen mit einer engen Beziehung und einem Widerwillen gegen Abhängigkeiten äußern. Dem anderen zu vertrauen ist zwar möglich, jedoch darf es nicht zu weit gehen. Der Bindungswunsch wird heruntergefahren, sodass Verlustangst kaum spürbar ist. Zu viel Nähe lässt den Betreffenden nervös werden. Häufig gewinnt der Partner den Eindruck, sein Gegenüber sei abweisend, distanziert oder unnahbar. „Du lässt mich ja gar nicht wirklich an dich ran!“, sagt er. „Du willst zu viel von mir!“ und „Ich muss doch auch mal allein sein können!“ erwidert der distanzierte Vermeider. Dies könnte ein typischer Dialog sein. Leider gehört auch die Entwertung des Partners zu den Nähe-Vermeidungsstrategien. Der andere fühlt sich entsprechend unwohl und gekränkt, solange er diese Neigung noch nicht als Abwehr von Nähe durchschaut hat.

Passt dem Distanzierten jedoch etwas nicht oder fühlt er ein Bedürfnis nicht wahrgenommen, kann er zickig werden. „Du stichelst schon den ganzen Tag. Was ist eigentlich los?", bekommt er dann zu hören. Nicht selten führt ein vertiefendes Gespräch, wenn die Partner verstehen, dass ein altes Bindungsmuster aktiviert wurde, auf die Spur eines gut verborgenen Bedürfnisses. „Hast du denn nicht gemerkt, dass es mir schlecht geht? Eigentlich möchte ich auch mal in den Arm genommen werden!"

Ich kann mich bewusst zurückziehen und meinem Partner mitteilen, dass ich später darüber sprechen möchte, was mich bewegt.

Die Bezugsperson ist unsensibel und nur teilweise erreichbar

Ich weiß nicht, was mich heute erwartet und ob ich Aufmerksamkeit verdiene! Ich brauche Nähe, aber Nähe ist verwirrend und verunsichert mich.

Versetzen wir uns in die Welt des kleinen Arno. Er trifft auf eine Mutter bzw. einen Menschen, der sich als unzuverlässig erweist. Es kann sein, dass dieser kurzzeitig bereit ist, sich mit ihm zu beschäftigen. In manchen Momenten ist er erreichbar und zugewandt, in anderen distanziert. Arno ist *verunsichert,* weil er dessen Bereitschaft nicht einschätzen kann. Ist er beunruhigt und benötigt Trost, kann die Reaktion zwiespältig ausfallen. Einerseits erhält er Aufmerksamkeit, doch diese kann unsensibel sein. So, als würde der andere nicht wirklich aufgreifen, was Arno ihm mitteilen möchte und was er innerlich erlebt. Das Einfühlungsvermögen der Bezugsperson ist begrenzt. Er fühlt sich innerlich nicht abgeholt. Als würde nicht erfasst, worum es ihm eigentlich geht. Er blickt in Augen, die ihn kurzfristig wahrnehmen oder ihn genervt und mit Skepsis betrachten.

Als Kleinkind fallen Arno Trennungen ungeheuer schwer. Er klebt am Rockzipfel der Mutter und mag die Umgebung ohne sie nicht wirklich erkunden. Ein Rückzug der Mutter wird durch Wut und lautstarke Unmutsbekundungen beantwortet. Wird er allein gelassen, ist er kaum zu beruhigen. Kommt die Mutter zurück, sucht er rasch deren Nähe, kann aber durchaus zornig und ungnädig sein.

Arno zweifelt

Mit seinen Empfindungen und Gefühlen bleibt Arno weitestgehend allein. Die Kommunikation kann uneindeutig ausfallen, sie ist „nicht Fisch, nicht Fleisch". Bei Arno stellen sich Zweifel und Fragen ein: „Geht es wirklich um mich?" „Bin ich es wert, beachtet zu werden?" „Was muss ich tun, um Aufmerksamkeit zu bekommen?" „Warum ist der andere nicht wirklich für mich da?"

Das Bild von anderen wird von diesen Erfahrungen eingetrübt. Menschen erscheinen Arno tendenziell unzuverlässig und wenig sensibel. Sie bieten nur selten Halt. Durch diese Eindrücke wird er verunsichert und innerlich hin- und hergerissen (Abb. 6.4). Einerseits benötigt Arno Zuspruch und Aufmerksamkeit, andererseits möchte er nicht zurückgewiesen werden. Es ist nie wirklich sicher, ob der andere bereit ist, wohlwollend zu reagieren.

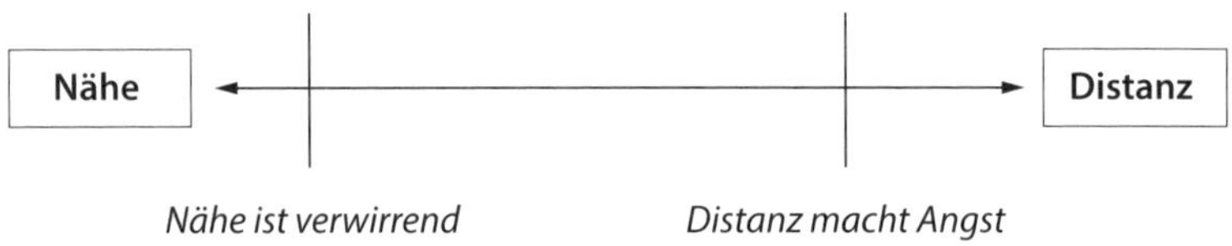

Abbildung 6.4: „Nähe ist verwirrend"

Dadurch gerät Arno in eine innere Not. Bevor er emotional verhungert und gar nichts bekommt, unternimmt er lieber verzweifelte Versuche, den anderen zu erreichen. Die selbstverständliche und direkte Äußerung seiner Bedürfnisse erscheint problematisch. Doch Arno möchte trotzdem sicherstellen, gehört zu werden. Es kann sein, dass er beginnt zu quengeln, lauter zu werden und zu übertreiben. Weil er nicht sicher sein kann, zu bekommen, was er braucht, wird er fordernder. Dies kann dazu führen, dass die Bezugsperson irritiert ist, weil sie vermutet, er übertreibe oder wolle sie kontrollieren.

Arnos Verhalten kann widersprüchlich sein. Zuerst fordert er Nähe, dann stößt er den anderen wieder weg. Was niemand erkennt, ist, wie verzweifelt der Kampf um Aufmerksamkeit ist. Es wird um Schutz gebettelt, und wird er gewährt, zeigt Arno sich gleichgültig. So, als dürfe es nicht zu nah werden. Er versucht, eine Brücke zu bauen, die er im nächsten Moment wieder einreißt.

Seine Gefühle kann Arno wohl erfassen und weitestgehend regulieren, doch es kommt vor, dass die Hemmschwelle, sie zu äußern, niedrig ist. Die frustrierten Bedürfnisse lassen sich dann in seinen Unmutsäußerungen nur erahnen. Er ist dann schwer zu beruhigen, obwohl es nicht immer großartige Missempfindungen sind, die ihm auf der Seele liegen. Der daraus resultierende Bindungsstil wird „unsicher-ambivalent“ genannt. Bei Erwachsenen spricht man von einer „verstrickten oder ängstlichen“ Bindung.

Wird der erwachsene Arno einem Partner vorbehaltlos vertrauen und ihm erlauben, näher zu kommen?

Der erwachsene Arno braucht viel Aufmerksamkeit

Im Unterschied zum vermeidenden Stil wird hier die Nähe gesucht. Der Betreffende wird phasenweise über Gebühr anhänglich. Autonomiestrebungen des Partners werden mit großer Sorge registriert. Er sucht die Bindung, ist aber zwiegespalten. Seine Ambivalenz begünstigt das bekannte Muster „Komm her! – Geh weg!“.

> *Ich nehme meine Unsicherheit ernst und übe, auf eigenen Beinen zu stehen und meine Bedürfnisse zu vertreten.*

Reflexion

1. Sind mir Aspekte dieser vier Bindungsstile schon begegnet?
2. Wenn ja, was habe ich empfunden und welche Reaktion hat das in mir ausgelöst?
3. Wie bin ich damit umgegangen?
4. Kann ich Anteile davon in mir selbst entdecken?

Überblick

Fassen wir zusammen: Der Bindungsstil hat Einfluss darauf, wie wir Nähe erleben. Er wirft außerdem Fragen auf, die unseren Selbstwert betreffen.

- *Erwarte ich in einer Beziehung Nähe und Sicherheit?*
- *Bin ich es wert, Liebe, Aufmerksamkeit und Zuwendung zu bekommen?*

Die Antwort auf diese beiden Fragen fällt unterschiedlich aus. Die folgende Übersicht verdanke ich meinem Freund und Kollegen Horst Teigeler. Er hat darin zusammengefasst, welche Besonderheiten den jeweiligen Bindungsstil ausmachen.

Diese Eigenheiten, Sehnsüchte, Ängste und Verhaltensweisen können wir jederzeit im Kontakt mit unseren Partnern wiederfinden. In einer Beziehung begegnen wir unwillkürlich deren Prägungen und Bindungsstilen – und unseren eigenen!

Ich vertraue dir

Menschen mit einem *autonomen und sicheren Bindungsstil* zeichnen sich durch folgende Merkmale aus:

- Geben einen Vertrauensvorschuss.
- Haben positive Erwartungen an den anderen.
- Verfügen über eine gute Nähe-Distanz-Regulierung.
- Können Bedürfnisse angemessen äußern.
- Suchen aktiv nach Unterstützung.
- Lösen Konflikte konstruktiv.
- Besitzen ein gutes Einfühlungsvermögen.
- Haben ein stabiles Selbstwertgefühl.
- Sind Neuem gegenüber aufgeschlossen.

Ich bin autonom und misstrauisch

Personen mit *unsicher-abweisendem Bindungsstil:*

- Sind misstrauisch und zurückhaltend, zeigen wenig von ihren Gefühlen.
- Warten ab, was der andere macht.
- Neigen zur Bagatellisierung von Problemen.
- Sind weniger bereit, über Probleme in der Partnerschaft zu sprechen.
- Zeigen häufiger Autonomiewünsche.
- Unterstellen anderen eher negative Motive.
- Haben eine hohe Verletzlichkeit.
- Brechen Kontakte (evtl. auch Beziehungen) schneller ab.
- Befinden sich nach einer Kränkung lange im Rückzugsmodus.
- Können dazu neigen, die Beziehung und den Partner zu entwerten.
- Haben viele Aktivitäten außerhalb der Partnerschaft.

Ich brauche dich so sehr

Menschen mit einer *ängstlichen, unsicher-ambivalenten Bindungsausprägung:*

- Brauchen viel Sicherheit in der Partnerschaft.
- Wünschen sich intensivere und häufigere Kontakte.
- Registrieren sehr schnell, wenn in der Beziehung etwas nicht stimmt.

- Sind sehr empfindlich und leicht irritierbar.
- Erleben Konflikte als dramatisch.
- Ziehen aus dem Verhalten des Partners oft voreilige Schlüsse.
- Empfinden dadurch schnell etwas als Störung, was eigentlich gar keine ist.
- Sind deswegen sehr und lange besorgt über die Beziehung.

Ich finde keinen Halt

Menschen mit Merkmalen einer *desorganisierten Bindung*.

- Zeigen widersprüchliche oder zuweilen chaotische Beziehungsmuster.
- Können sich Verhaltensweisen des Partners oft nicht erklären.
- Suchen Liebe und Trost, haben aber auch Angst davor.
- Empfinden Unbehagen sowohl mit Distanz als auch mit Nähe.
- Fällt es nicht leicht, sich selbst zu beruhigen.
- Erleben Konflikte hoch dramatisch.
- Empfinden Scham- und Schuldgefühle, ohnmächtige Kränkungswut und Panik.
- Gelingt es kaum, Vertrauen aufzubauen, weil sie ein großes Misstrauen in sich tragen.
- Haben große Mühe, sich emotional verletzlich zu zeigen.
- Verdrängen Gefühle schnell, spalten sie ab oder leugnen sie.
- Haben Probleme, eigene Grenzen zu setzen.
- Tragen starke Gefühle der Unsicherheit in sich.
- Erleben eine Beziehung nicht oder selten als sicheren Hafen.
- Haben Mühe, sich in einer Beziehung zu halten.
- Fallen Verbindlichkeit, Kontinuität und Bezogenheit schwer.

Das Ideal zur Etablierung eines sicheren Bindungsstils ist eine verständnisvolle, warmherzige Mutter oder Bezugsperson, die in der Lage ist, auf die Bedürfnisse ihres Kindes einzugehen. Sie kann dessen Signale wie Schreien und Weinen richtig einordnen und adäquat darauf reagieren.

Mütter von Kindern mit einem vermeidenden Beziehungsstil hingegen scheinen für ihre Kinder wenig verfügbar zu sein. Sie weisen es öfter zurück und tun sich schwer damit, die Bedürfnisse ihres Kindes zu erkennen oder darauf einzugehen.

Ambivalent gebundene Kinder haben vermutlich Mütter, die zwar aufmerksam sein können, jedoch eine tiefe Verunsicherung und Ängstlichkeit ausstrahlen, da sie die Gesten und Botschaften ihres Babys nicht richtig zu deuten verstehen.

Menschen, die einen desorganisierten Bindungsstil entwickeln mussten, hatten meist eine Mutter, die sich vorwiegend um ihr eigenes physisches und emotionales

Überleben, ihre Sucht oder Erkrankung kümmern musste. Diese war kein emotional sicherer Hafen, in dem man zur Ruhe kommen konnte und Geborgenheit erfuhr. Im Gegenteil. Sie war oft eine Quelle der Beunruhigung, Bedrohung und Angst.

6.3 Das vertraute Elend?

Frühe Beziehungserfahrungen neigen dazu, sich zu wiederholen

Die bisherigen Forschungsergebnisse weisen darauf hin, dass in länger anhaltenden Beziehungen sich tendenziell sicher gebundene Menschen mit sicher gebundenen Partnern zusammenfinden. Sie kennen Sicherheit und Geborgenheit aus früheren Beziehungen und sind daran gewöhnt.

Unsicher-ambivalent Gebundene gehen oft Beziehungen zu unsicher-vermeidend agierenden Partnern ein. Sie gehen vor dem Hintergrund früherer Erlebnisse davon aus, dass andere Menschen im Allgemeinen kühl und distanziert sind. Das Verhalten von Vermeidenden entspricht dieser Annahme. Es scheint so zu sein, als hätte man unmerklich das vertraute Elend gesucht. Vermeidend Gebundene befürchten, vom Partner vereinnahmt zu werden, was die Ängstlich-Ambivalenten dann auch tatsächlich versuchen. Die folgende Dynamik ist ein wiederkehrendes Thema in diesen Beziehungen:

Je mehr du von mir willst und je näher du mir kommst, desto mehr ziehe ich mich zurück. Je mehr du dich zurückziehst, umso mehr komme ich nah.

Paare mit zwei Unsicher-Ambivalenten oder zwei Vermeidenden sind selten. Menschen mit desorganisierter Beziehungsorganisation fällt es schwer, sich einzulassen. Sie wechseln ihre Partner häufig, die Beziehungen erweisen sich oft als äußerst fragil.

Was zu beachten ist

Den Fokus auf die Mutter-Kind-Beziehung zu legen ist wichtig. Andererseits führt dies dazu, dass viele Mütter mit ihrem schlechten Gewissen kämpfen. Sie befürchten, nicht der Vorstellung einer „idealen“ Mutter zu entsprechen.

Doch Mutter und Kind leben nicht ausschließlich in einem eigenen Kosmos, der vollkommen unbeeinflusst von äußeren Faktoren ist. Die Qualität der Mann-Frau-Beziehung und die Normen des gesellschaftlichen Zeitgeists spielen in die Beziehungsgestaltung zum Kind hinein. Ein unreflektiertes Mutter- oder Vater- „Bashing“ ist deshalb mit Vorsicht zu genießen, denn auch die Eltern haben „ihre Geschichte“.

Probleme können außerdem durch besondere Eigenheiten entstehen. Unterschiedliche Temperamente zwischen Kind und Eltern, das Aussehen und das soziale Umfeld wirken in die Beziehung hinein. Es ist sogar möglich, dass sich die Bindungsstile im Laufe der Entwicklung ändern, etwa wenn die Bezugspersonen mit bestimmten Reifungsphasen besser zurechtkommen als mit anderen.

Wie bereits erwähnt, spielen auch die Väter eine nicht unerhebliche Rolle. Sie können die Beziehungserfahrungen ihrer Kinder bereits in den frühen Lebensjahren, die man bislang als Domäne der Mütter ansah, positiv mitgestalten, relativieren, ausgleichen oder ergänzen.

Der Vater ist schon vor der Geburt eine wichtige Bezugsperson für das Kind! Ist er am Kind interessiert und kann sich gemeinsam mit der werdenden Mutter in die Elternschaft einschwingen, trägt er wesentlich zum Aufbau einer wohlwollenden Atmosphäre bei. Später ist seine Spiel- und Tobe-Kompetenz ebenso wertvoll wie die Fähigkeit, Kräfte herauszufordern, sie zu erproben und dem Kind die Welt aus einem männlichen Blickwinkel näherzubringen.

**Für Ihren Bindungsstil können Sie nichts.
Aber Sie können lernen, ihn gut zu verwalten.**

Bedenken Sie: Für Ihren Bindungsstil können Sie nichts! Er hat sich vor dem Hintergrund früher Beziehungserfahrungen herausgebildet. In ihm zeigt sich, inwieweit Ihre Mutter und andere relevante Bezugsperson in der Lage waren, auf Ihre Bedürfnisse nach emotionaler Zuwendung, Schutz und Beruhigung einzugehen. Ob Ihre Ängste gemildert oder verstärkt wurden.

Indem Sie sich die Grundstruktur Ihres Bindungsmusters bewusst machen, können Sie lernen, Ihren Bindungsstil gut zu verwalten. Dadurch lassen sich dessen Auswirkungen mildern und verbessern. Zum Beispiel dadurch, dass Sie immer dann offen über Ihre Ängste, inneren Konflikte und Wünsche sprechen, wenn Sie diese wahrnehmen. Das hilft Ihnen und Ihrem Partner, diese besser einzuordnen und reflektierter damit umzugehen.

Die Resilienzforschung weist darauf hin, dass es viele Menschen gibt, die *gerade weil* ihre Kindheitserfahrungen negativ waren, in der Lage sind, das Gute einer Beziehung zu schätzen und zu schützen. Michael, der seit über 20 Jahren mit seiner Frau Anne zusammenlebt, berichtet:

Ich hatte eine schlimme Kindheit! Nach anfänglichen Schwierigkeiten habe ich die Kontinuität unserer Beziehung annehmen und würdigen können, weil ich sie mit frü-

her vergleichen konnte. Dadurch hat sie für mich an Wert gewonnen. Jetzt habe ich einen Menschen an meiner Seite, der wirklich zu mir hält und dem ich vertrauen kann.

ÜBUNG: Unsere Beziehung als Buch

1. Stellen Sie sich vor, Ihr Beziehungsleben wäre ein Buch. Welche Überschrift würde das erste Kapitel tragen?
2. Nehmen wir an, Sie könnten dieses erste Kapitel umschreiben. Welche Überschrift hätte dieses Kapitel jetzt?
3. Was genau würden Sie am Inhalt ändern?
4. Wie würde sich diese Änderung auf Ihr Liebes- und Beziehungsleben auswirken?

> *Ab sofort schreibe ich mein Beziehungsdrehbuch selbst und achte darauf, mich wohlzufühlen.*

Der Mensch wird am Du zum Ich

Dieses Zitat des Philosophen Martin Buber beschreibt in Kürze, wie sich unsere Identität entwickelt. Erst die Begegnung mit einem „Du“ ermöglicht eine Abgrenzung, die uns zu unserem „Ich“ verhilft. Sie erinnern sich? Im Kapitel über die Bedeutung der Distanz ist Ihnen dieser Gedanke bereits begegnet. Die Aussage Bubers verdeutlicht aber auch, wie sehr unsere emotionale Entwicklung mit dem Vertrauen in andere Menschen zusammenhängt. Je mehr wir in der Kindheit und Jugend vertrauen konnten, umso mehr können wir als Erwachsene vertrauen und Nähe erlauben. Nutzen Sie das folgende Gedankenspiel, um zu überprüfen, wie es sich anfühlt, den Fokus auf die guten Beziehungserfahrungen zu lenken.

ÜBUNG: Meine gute Familie

1. Lehnen Sie sich einen Moment zurück und lassen Sie Ihre Gedanken schweifen. Dann lassen Sie vor Ihrem inneren Auge Menschen, Lebewesen und Tiere auftauchen, die gut zu Ihnen waren oder sind. Die Sie liebevoll begleitet und getröstet haben. Die Ihnen Mut zugesprochen haben.

2. Stellen Sie sich vor, diese würden sich für ein Gruppenfoto zusammenfinden. Sehen Sie, wie sie zusammenkommen und sich begrüßen. Wie sie sich dann zu einem Halbkreis aufstellen.
3. Jetzt werden Sie eingeladen, sich in die Mitte oder vor diesen Kreis zu stellen. Sie werden liebevoll begrüßt. Einige umarmen Sie, andere sagen anerkennende und wertschätzende Sätze zu Ihnen. Alle blicken Sie wohlwollend an.
4. Nehmen Sie die angenehmste Position in diesem Kreis ein. Wenn alles genau so ist, wie es für Sie stimmig ist, geben Sie dem Fotografen das Signal für das Foto.
5. Welches Gefühl stellt sich jetzt ein?

Ich stärke mich durch gute innere Bilder.

7. Komplikationen für die Nähe-Distanz-Regulation

7.1 Vereinnahmende Nähe

Da ist etwas schiefgelaufen

Die Nähe-Distanz-Regulation kann erheblich aus dem Gleichgewicht geraten, wenn der Partner beispielsweise durch eine Erkrankung in besonderem Maß Nähe, Zuwendung und Trost benötigt. Hat sich der gesunde Partner bereits als Kind, in einem Alter, in dem er damit überfordert war, um einen Elternteil kümmern müssen, kommt er schnell in Kontakt mit unangenehmen Gefühlen. Die geforderte Nähe bringt innere Konflikte mit sich, die beide extrem belasten. Den Erkrankten, weil er sich allein gelassen fühlt, den Gesunden, weil er nicht so empfindet, wie es sein sollte.

Ich kann Eva nicht trösten

GERALD: *Ich kann Eva nicht trösten. Immer wenn sie traurig ist oder es ihr schlecht geht, werde ich innerlich ganz kalt und taub. Fast bekomme ich Ekelgefühle und möchte sie wegstoßen. Ich will das eigentlich nicht, aber diese Reaktion läuft fast automatisch ab.*

EVA: *Für mich ist das ganz fürchterlich. Ich spüre diese Ablehnung und erschrecke mich über seine schroffe Art. Dabei möchte ich ihm nur nah sein. Er muss gar nicht viel tun. Es würde reichen, wenn er mich einfach nur in den Arm nimmt, aber das kann er aus irgendwelchen Gründen nicht. Ich weiß zwar, dass es wohl nichts mit mir zu tun hat, aber es ändert sich nicht.*

GERALD: *Es ist ein schreckliches Gefühl. Ich möchte am liebsten davor weglaufen, es ist so abgrundtief unangenehm.*

Für beide ist diese Konstellation schwierig, weil sie zunächst unerklärlich erscheint. Es ist zu vermuten, dass das Unvermögen Geralds, Trost zu spenden, eine Vorgeschichte hat.

GERALD: *Mir fällt spontan ein, dass meine Mutter oft sehr schwermütig war. Sie lag auf dem Sofa und litt vor sich hin. Ich wusste nicht, was ich tun sollte. Mein Vater war auf der Arbeit und kam spät nach Hause.*

In Geralds Worten schwingen seine Einsamkeit und Überforderung mit, schließlich war er ganz auf sich allein gestellt. Die Nähe zu seiner kranken Mutter empfand er als unangenehm und bedrohlich. Er berichtet:

Ich war mehr als überfordert, ich war hilflos und verzweifelt. Meine Mutter hat immer so seltsame Selbstgespräche geführt, die mir Angst gemacht haben: Was soll nur aus mir werden? Ich bin so müde, alles ist so schwer! Ich bin so allein. *Aber ich habe das gehört und wollte sie trösten, aber ich wusste nicht wie.*

Gerald war als Kind hin- und hergerissen. Einerseits spürte er die Liebe zu seiner Mutter, die sein Mitgefühl erregte. Andererseits den Wunsch, Abstand zu halten, um nicht etwas leisten und geben zu müssen, für das er zu jung war. So verstrickte er sich ungewollt in die Nähewünsche seiner Mutter und versuchte, Trost zu spenden, obwohl er sich unwohl fühlte. Mit seinen widersprüchlichen Gefühlen war er überfordert und allein (vgl. Abb. 7.1).

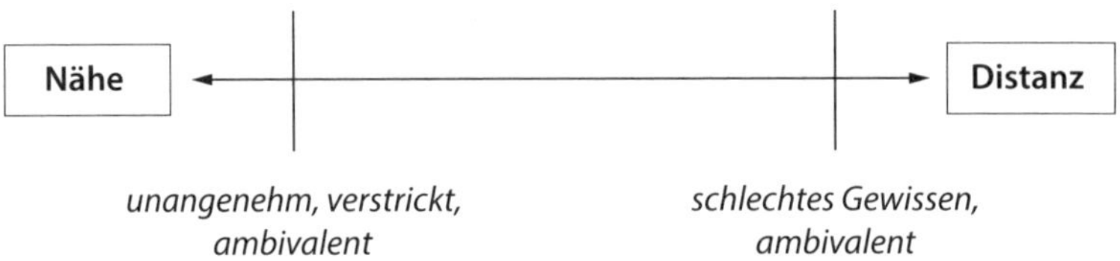

Abbildung 7.1: Vereinnahmt und ausgenutzt zu werden führt zu Verstrickung, widersprüchlichen Gefühlen, dem Impuls wegzulaufen

Gerald: *Am schlimmsten war es, wenn sie zu mir sagte: Du bist mein Bester! Oder: Ich habe ja nur dich! Dann hat sie die Hände ausgestreckt und ich bin zu ihr gegangen. Es war fürchterlich.*

Eva: *Ich könnte heulen, wenn ich das höre. Und werde wütend auf deine Mutter! Und deinen Vater, der hätte sich doch kümmern müssen!*

Eva bringt es auf den Punkt. Gerald hat erlebt, wie es ist, eine Funktion für die Mutter zu übernehmen, die eigentlich der Vater hätte ausfüllen müssen. Er wurde als Partnerersatz benutzt und war damit emotional massiv überfordert. Für sein Unbehagen, seinen Ekel und seinen Wunsch, sich davon zu distanzieren, gab es keinen Raum und vor allem kein Verständnis!

Es wird deutlich, dass eine Erkrankung oder Schwäche seiner Frau in ihm dieses frühe Bindungsmuster aktiviert. Er war verstrickt mit den Bedürfnissen seiner Mutter, seine eigenen Wünsche und Befindlichkeiten waren nicht von Interesse. Der Wunsch seiner Frau nach mehr Nähe erzeugt in ihm irritierende Gefühle und den Impuls, sich zu distanzieren. Er kommt sich selbst und seinen bislang verborgenen

Gefühlen näher. Jetzt ist es an ihm, daran zu arbeiten und sich diesem Schmerz zu stellen. Er beschließt auf mein Anraten hin, sich in eine Einzeltherapie zu begeben.

Für Eva ist es entlastend, Geralds Dilemma und das daraus resultierende Verhalten zumindest besser einordnen zu können.

Eva: *Jetzt weiß ich wenigstens, dass es nichts mit mir zu tun hat! Ich muss allerdings aufpassen, jetzt nicht nur Mitgefühl mit Gerald zu haben, sondern trotz allem bei meinen Wünschen zu bleiben, auch wenn es ihm schwerfällt. Sonst gebe ich mich zu sehr auf. Ich brauche ja wirklich Zuwendung und Unterstützung, wenn es mir schlecht geht.*

Gerald: *Jetzt, wo die Katze aus dem Sack ist, bin ich etwas befreiter. Aber ich schäme mich, ich komme mir so behindert vor, weil ich nicht unvoreingenommen geben kann.*

Für Eva und Gerald folgt eine herausfordernde Zeit, in der sie sehr bewusst mit ihren Nähe- und Distanz-Wünschen umgehen. Gerald will üben, ehrlich zu sein, wenn es ihm zu viel wird. Er will Eva darüber informieren, was in ihm vorgeht. Gleichzeitig will er für sie da sein, so gut es ihm möglich ist.

Eva hat sich vorgenommen, ihm Zeit zu lassen und dennoch darauf zu bestehen, dass sie miteinander im Kontakt bleiben, auch wenn es schwierig ist. Sie möchte ihm zuhören, aber ebenso über ihre Empfindungen und Wünsche sprechen, wohl wissend, dass sie nicht umfänglich oder sofort erfüllt werden. In seinem Dilemma spürt sie trotz allem seine Liebe und den aufrichtigen Wunsch, für sie da sein zu können. Gerald ist dankbar, dass sie ihn mit seiner Not wahrnimmt und sieht.

Gerald: *Es macht mich traurig, weil ich erst jetzt realisiere, wie das alles zusammenhängt. Aber ich bin dankbar dafür, dass Eva zu mir steht, obwohl ich grad schwierig bin. Das berührt mich sehr.*

7.2 Wenn das Zuhause kein emotionales Zuhause war

Nähe ohne Resonanz

Am Beispiel von Eva und Gerald lässt sich nachvollziehen, wie die als Kind erlebte ungewollte Nähe, die mit großer Bedürftigkeit eines Elternteils einherging, in die Paarbeziehung der Erwachsenen hineinwirken kann. Da die Nähewünsche des Kindes für die Erfüllung der Bedürfnisse eines Elternteils ausgenutzt wurden, lösen bei dem Erwachsenen Nähewünsche des Partners starke Abwehrreaktionen aus. Nähe kann nicht mehr unvoreingenommen erlebt oder gegeben werden, wenn sich der Partner bedürftig zeigt.

Eine weitere Komplikation für die Nähe-Distanz-Regulation entsteht, wenn es in der frühen Beziehungswelt kaum Nähe gab und wichtige Bezugspersonen sich nicht auf die kindlichen Bedürfnisse einschwingen konnten. Der Erwachsene trägt dann zwar einen ungestillten Nähe-Hunger in sich, der jedoch äußerst angstbesetzt und von einem Schutzmantel umgeben ist. Der Partner kann dies als Gefühlsarmut erleben oder den Eindruck gewinnen, er rede gegen eine Wand.

Du bist nur zu Besuch

Karina und Jochen versuchen seit vielen Jahren zusammenzuziehen. Aus unerfindlichen Gründen will es nicht klappen.

KARINA: *Ich verstehe es einfach nicht und stehe immer mehr unter Druck. Ich frage mich, warum wir immer noch nicht zusammenleben. Wir schauen uns größere Wohnungen an, und immer spricht aus deiner Sicht etwas dagegen.*

JOCHEN: *Natürlich habe ich mich darum gekümmert, eine Bleibe für uns zu finden.*

KARINA: *Aber jedes Mal hast du an einer Wohnung etwas zu mäkeln. Wir leben fast nur noch bei mir, das ist sehr beengt. Es kommt mir so vor, als wärst du zu Besuch. Manchmal denke ich, du nistest dich bei uns nur ein und tust nichts für das „Uns“.*

Jochen ist durch die Bemerkung, er „niste sich nur ein“, tief verletzt. Es ist bemerkenswert, dass genau diese Formulierung seinen Unmut erregt. Die Assoziation zu einem Nest liegt nahe. Jochen ist froh, dieses Nest gefunden zu haben, und jetzt wird ihm vorgeworfen, eine Art Parasit zu sein. So, als wäre er ein Dieb, der sich etwas nimmt, das ihm nicht zusteht. Das empfindet er als ungerecht, denn er hat aus seiner Sicht viel für dieses Nest getan. Er hat sich liebevoll um die Kinder von Karina aus einer früheren Beziehung gekümmert.

JOCHEN: *Ich habe mich um die Kinder bemüht, und es hat eine Weile gedauert, bis sie mich akzeptiert haben. Ich bin dankbar, dass sie mich wie einen Vater anerkannt haben. Früher habe ich mich verloren in der Welt gefühlt. Jetzt habe ich eine Familie und bin nicht mehr allein.*

Jochen scheint sein emotionales Zuhause gefunden zu haben. Doch irgendetwas stimmt nicht, denn er wird als Gast erlebt, der seiner Frau und Familie etwas vorenthält. Dabei hat er den Eindruck, es sich durch seine Leistung und sein emotionales Investment verdient zu haben. Das weiß Karina zu schätzen, aber sie erlebt dennoch einen Mangel an emotionaler Nähe.

KARINA: *Da ist viel Positives in unserer Beziehung. Du hast dich wirklich viel um die Kinder gekümmert und sie gefördert. Ich fühle mich mit dir verbunden, aber emo-*

tional verhungere ich am langen Arm. So, als wäre ich in der Beziehung doch nicht angekommen. Ich habe kein „Zuhause-Gefühl" und frage mich, ob ich dir nicht wichtig genug bin.

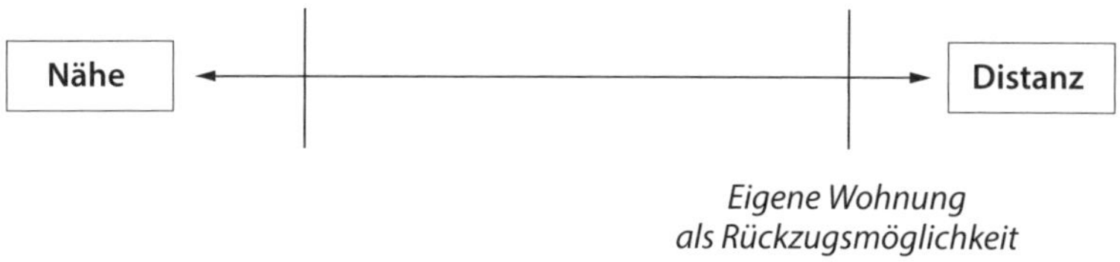

Abbildung 7.2: Beengte räumliche Nähe führt zu Verschärfung der scheinbar paradoxen emotionalen Situation: ein Zuhause-Gefühl mit innerem wie äußerem Distanzbedürfnis bei Jochen und Verbundenheit ohne ein „Zuhause-Gefühl" bei Karina

Das aktuelle Wohnarrangement bereitet ihnen Probleme. Jochen hat seine eigene Wohnung behalten. Er lebt vorwiegend bei Karina und ihren Kindern. Fast könnte man denken, er hätte sich einen Fluchtweg oder Rückzugsort offengehalten. Karina fragt sich, ob das ein Ausdruck seiner Bindungsangst ist. Oder hat jeder seinen Anteil an dem gegenwärtigen Dilemma? Wie hat eigentlich die Beziehung angefangen?

Karina und Jochen haben sich auf der Hochzeit eines gemeinsamen Freundes in Amerika kennengelernt. Dort gab es eine große Nähe zwischen ihnen. Relativ schnell verspürte Jochen den Wunsch, Karina zu heiraten.

JOCHEN: *Ich habe gedacht, wir können zusammen heil werden.*
KARINA: *Ja, irgendwie haben wir wohl beide so empfunden.*
JOCHEN: *Du warst mir so nah. Ich habe gesehen, was dir gefehlt hat, und wollte dir das* GEBEN.
KARINA: *Du warst sehr großzügig. Aber darum geht es mir im Moment nicht. Es ist mehr das Emotionale. Ja, wir gehören zusammen, aber ich erreiche dich oft nicht. Als würdest du nicht verstehen, worum es mir geht. Ich weiß schon gar nicht mehr, was das heißen soll, wir wollen heil werden.*

Karina und Jochen erleben eine große innere Distanz. Sie haben einander gefunden und möchten zusammenbleiben. Das ist klar. Unklar ist, warum sie innerlich so weit voneinander entfernt sind. Zum besseren Verständnis lohnt sich ein Blick zurück auf ihre Lebensgeschichten.

Ich kenne kein Urvertrauen

JOCHEN: *Als Kind hatte ich sehr viel Angst und bin wohl ein Schreikind gewesen. Meine Mutter folgte einem damals vorherrschenden Erziehungsgebot. Man sollte die Kinder schreien lassen und nur nach Plan alle paar Stunden aufnehmen. Es war nicht geboten, Kinder in den Arm zu nehmen. Es gab kaum körperliche Zuwendung. Ich kenne kein Grundgefühl von Urvertrauen oder Geborgenheit.*
Ich hatte einen wiederkehrenden Albtraum. Darin hatte ich panische Angst, von einer großen Kugel überrollt zu werden. Meine jüngere Schwester hat mich manchmal an die Hand genommen und getröstet. Ansonsten konnte ich mich nur auf mich selbst verlassen.
Ich habe eine sehr große Familie. Mein Vater war liebevoll, aber etwas unnahbar. Er hat sich für die Familie aufgeopfert.

Meilenweit entfernt

KARINA: *Ich stamme aus einer sehr kleinen Familie. Es gab nur meine Eltern und einen Onkel. Meine Eltern waren sehr einsam und schweigsam. Im Grunde waren sie depressiv und traurig. Da war keine schöne Stimmung. Sie waren zwar immer da, aber ich fühlte mich nie abgeholt. Gefühlsmäßig waren meine Eltern meilenweit entfernt und in ihrer eigenen Welt versunken. Es gab so etwas wie eine unsichtbare Wand, die uns trennte und die man nicht überwinden konnte. Ich hatte meist große Angst, alleingelassen zu werden.*
Meine Eltern lebten in einer schönen Wohnung mit Garten. Das war mein Zuhause. Danach sehne ich mich zurück.

Nähert man sich den emotionalen Grunderfahrungen des Paares, finden sich Gemeinsamkeiten und Unterschiede.

Emotionales Zuhause

Karina kennt das Gefühl, auf sich allein gestellt zu sein und nicht wirklich in ihrer Gefühlswelt abgeholt zu werden. Eine emotionale Brücke zu den Eltern gab es kaum. Auch Jochen hatte kein emotionales Zuhause. Sein Bedürfnis nach Halt und Geborgenheit wurde früh erschüttert. Er lernte, mit seinen Gefühlen alleine klarzukommen. Vor diesem Hintergrund versteht man besser, warum sie so froh sind, einander gefunden zu haben.

Doch es gibt einen Unterschied. Karina sehnt sich nach etwas zurück, was im Rückblick warme und vertraute Gefühle hervorruft: die elterliche Wohnung mit Garten. Für sie ein Symbol für Geborgenheit. Gleichzeitig hungert sie nach einer wohlwollenden emotionalen Resonanz, die sie im Elternhaus nicht ausreichend erlebt hat. Nicht nur die Frau, sondern auch das Kind in ihr möchte spüren, dass es liebenswert ist und sich jemand für ihre Belange interessiert. Sie erlebte sich getrennt von ihren Eltern und hat verständlicherweise einen großen Wunsch nach Verbundenheit und einem gemeinsamen Wir.

Jochen hingegen ist froh, überhaupt jemanden an seiner Seite zu haben, schließlich ist er als Kind vollkommen sich selbst überlassen worden. Die Zuwendung und Wertschätzung in seiner neuen Familie tun ihm gut. Leistung zu bringen und für andere da zu sein ist ein wichtiger Lebensinhalt. Wie sein Vater hat er sich verantwortungsvoll um die Familie bemüht. Darüber erfährt er Anerkennung und Wertschätzung, nicht nur im Beruf. Zugleich hat er erlebt, dass ihn dieser Antrieb auslaugen und erschöpfen kann. In solchen Momenten spürt er die Grenzen dieses Lebenskonzepts. Denn letztlich ist es nicht die Leistung, nach der seine Frau jetzt fragt, sondern nach der emotionalen Verbundenheit. Allerdings ist Jochen mit dem Prinzip Leistung zu sehr identifiziert. Sucht Karina nach der emotionalen Nähe, listet er auf, was er alles für die Familie getan hat. Umso mehr kränkt es ihn, wenn er darüber nicht mehr den Zuspruch erfährt, den er sich erhofft.

Für Jochen bedeutet emotionale Nähe ein großes Risiko, weil er den Schmerz und die Panik seiner Kindheit weit von sich fernhalten musste. Vom Wunsch seiner Frau nach mehr „Uns" fühlt er sich, wie in seinen schrecklichen Träumen der Kindheit, überrollt. Das Kind in ihm kennt kein emotionales Wir. Zu oft wurde er in seiner kindlichen Not alleingelassen und war mit seinen Gefühlen vermutlich massiv überfordert. Diesen existenziellen Schmerz wird er eingefroren haben. Sein kindlicher Bindungsschrei und sein Ruf nach Kontakt wurden nie erhört (Abb. 7.3).

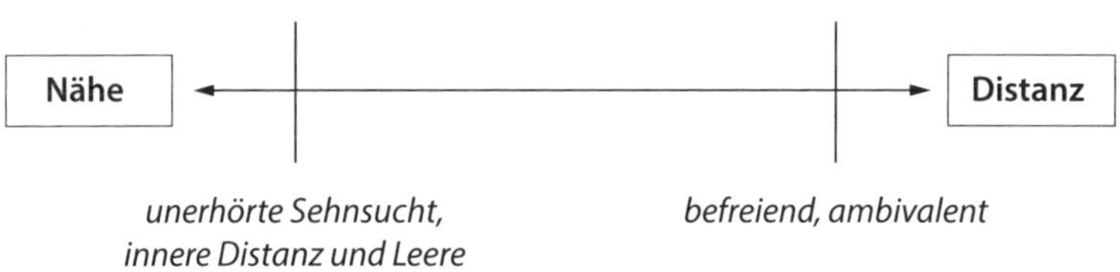

Abbildung 7.3: Ohne Resonanz und Wärme zu sein führt zu: innerer Leere, Verstummen, Anerkennung durch Leistung oder einem Schrei nach Bindung

Sein Dilemma besteht darin, sich emotional noch nicht tiefer einlassen zu können. Vermutlich würde ihm der Verzicht auf seine Wohnung einen wichtigen Rückzugsraum nehmen. Das warme Nest einer gemeinsamen Wohnung oder eines gemeinsamen Hauses könnte seine Sehnsucht nach Geborgenheit und Frieden berühren. Allerdings fehlt ihm noch eine Vorstellung davon, wie er die Brücke zu einem gemeinsamen Wir überqueren könnte, ohne zu viel Angst haben zu müssen, sich selbst zu verlieren.

Für Karina geht es darum, die Zweifel an ihrem Liebeswert hinter sich zu lassen.

Karina: *Jochen war am Anfang für mich der tolle, erfolgreiche Mann. Seine Familie hat mich am Anfang abgelehnt und getestet. Ich wurde gefragt, wie viel ich verdiene, und mein Bildungsniveau wurde abgeklopft. So, als würden sie befürchten, ich sei dumm und hätte nicht alle Tassen im Schrank. Ich fühlte mich unerwünscht und lief ständig mit dem Gefühl herum, nicht gut genug zu sein.*

Es wird deutlich, dass die beiden an einer wichtigen Schwelle zu einem neuen Beziehungsschritt stehen. Allerdings muss der Keller ihrer Erinnerungen an kindliche Entbehrungen und Ängste noch aufgeräumt und entrümpelt werden. Es scheint so, als müssten sich Karina und Jochen noch einmal mit ihrer Vergangenheit konfrontieren, um sie zu betrauern und sich dann von ihr distanzieren zu können. Sich eine Zeitlang in eine Einzeltherapie zu begeben ist für beide sinnvoll und erfolgversprechend, weil die zentralen Themen bereits gut erkennbar sind und dadurch fokussiert bearbeitet werden können.

Indem sie dem anderen nah kommen, kommen sie sich selbst nah und damit den verborgenen Ängsten und Sehnsüchten: Vom anderen gehört, gesehen und verstanden zu werden. Auf diesem Fundament lässt sich die Beziehung weiterentwickeln und aufbauen. Der Blickwinkel richtet sich damit auf die innere Stabilität der Beziehung.

7.3 Distanz durch Erinnerungen an schmerzhafte Nähe-Vorerfahrungen

Das war nicht gut!

Ein Trauma ist ein Wunde körperlicher oder seelischer Art, die durch Grenzverletzungen, Vernachlässigung, fehlende Fürsorge, Schutzlosigkeit, Übergriffe, Missbrauch, verbale oder körperliche Gewalt hervorgerufen wird. Sie beinhaltet die Erfahrung, in Momenten großer Ohnmacht, Not und Bedürftigkeit alleingelassen, ausgenutzt, verlassen oder gedemütigt zu werden.

Traumatische Erfahrungen haben irritierende Auswirkungen auf die Regulation von Nähe und Distanz. Für den Betroffenen und den Partner ist es nicht leicht, die zunächst unverständlichen Abwehrreaktionen auf körperliche Nähe und bestimmte Verhaltensweisen zu verstehen. Traumata, die durch zurückliegende Beziehungserfahrungen hervorgerufen wurden, führen dazu, dass eine Beziehung nicht mehr unvoreingenommen als sicher erlebt werden kann. Selbst kleinste Signale können den Partner extrem beunruhigen und emotional aus dem Gleichgewicht bringen.

Ich erstarre und werde panisch

Helene ist Ende zwanzig und lebt seit zwei Jahren mit Torben zusammen. Sie erlebt die Beziehung grundsätzlich positiv und unterstützend. Allerdings gibt es ein wiederkehrendes Problem, welches beide irritiert. Helene berichtet:

Torben sucht den Kontakt zu mir und fängt spontan an, mich zu kitzeln. Das ist nett gemeint und eigentlich nicht schlimm, aber es löst eine heftige Gegenreaktion bei mir aus. Ich bitte ihn aufzuhören, und wenn er das nicht sofort tut, erstarre ich oder werde panisch. Er ist dann beleidigt und manchmal sauer, weil ich mich so anstelle, weil es doch spielerisch gemeint ist. Aber für mich fühlt es sich an wie bitterer Ernst.

Helene wurde von ihrer heftigen Abwehrreaktion überrascht, da sie diese zunächst nicht einordnen konnte. Erst allmählich hatte sie den Verdacht, dass dies mit der Beziehung zu ihrem ersten Freund zu tun haben könnte.

HELENE: *Mein erster Freund war extrem egoistisch. Wenn es nicht so lief, wie er das wollte, konnte er richtig gemein und übergriffig sein. Er hat mein Nein nicht respektiert. Es kam vor, dass er mich festhielt und einfach weitermachte. Ich war damals noch unerfahren. Er war etwas älter und auch stärker als ich. Das war demütigend. Ich hatte Panik und habe laut geschrien, dass er aufhören soll, doch das wäre für ihn wohl wie eine Niederlage gewesen.*

Das spielerisch gemeinte Kitzeln ihres aktuellen Freundes triggert die schrecklichen Erfahrungen aus der ersten Beziehung. Das Körpergedächtnis hat die Übergriffe nicht vergessen. Die Erinnerungen daran und nächtliche Albträume liegen Helene auf der Seele. Zum Glück hat sie in Torben einen Partner gefunden, dem sie vertrauen kann. Er weiß mittlerweile um die Vorgeschichte und achtet ihre Grenzen, auch wenn er enttäuscht ist. Gleichwohl überfordern ihn die emotionalen Reaktionen. Er ist ratlos.

TORBEN: *Am Anfang habe ich das nicht verstanden und habe es persönlich genommen. Doch als Helene mir von ihrem Ex erzählt hat, war ich geschockt. Mittlerweile bin ich nur noch wütend auf diesen Kerl!*

Helene: *Dein Ärger auf ihn tut mir gut. Ich war bislang vorwiegend verzweifelt und habe die Schuld bei mir selbst gesucht. Ich bin hin- und hergerissen. Manchmal will ich mich zwingen, dein Kitzeln zuzulassen, weil es ja auch was Nettes und Intimes hat. Doch es geht nicht, ich kann meine Abscheu nicht überwinden.*

Helene schildert ein Dilemma, das charakteristisch für Menschen ist, denen übel mitgespielt wurde. Einerseits spürt sie ein großes Bedürfnis, sich zu schützen, weil sie diese Erfahrungen nie wieder erleben möchte. Anderseits empfindet sie die Sehnsucht nach Nähe und den Wunsch, sich von der Last der Vergangenheit zu befreien.

Traumatische Erfahrungen erschweren emotionale und körperliche Nähe

Jedes Trauma, wenn es von Menschen hervorgerufen wurde, geht mit einer Bindungsverletzung einher. Das Vertrauen in eine sichere Beziehung, in sich selbst, die Menschen und die Welt als Ganzes kann verloren gehen oder beschädigt werden. Eine traumatische Erfahrung bedeutet großen emotionalen Stress. Das Gefühl der Bedrohung kann allgegenwärtig sein. Das Bindungssystem ist ständig in Habachtstellung, die (vermeintliche) Gefahr ist eine anhaltende Quelle der Angst und Panik. Das Bedürfnis nach Schutz und Sicherheit nimmt überhand. Nähe ist dann schwer auszuhalten, weil man den alten Verletzungen nah kommt.

Überforderung bei beiden Partnern

Für eine Beziehung können die Auswirkungen unverarbeiteter traumatischer Erlebnisse besonders herausfordernd sein. Erlebt der traumatisierte Partner Situationen immer wieder nach, weil sie durch bestimmte Reize erneut ausgelöst werden, wird die Beziehung extrem belastet. Neigt der Betroffene zu Vermeidungsverhalten oder dazu, sich zu betäuben, ist er in der Beziehung nicht wirklich anwesend. Kommen Übererregbarkeit (Hyperarousal), heftige Gefühlsschwankungen, übermäßige Schreckreaktionen oder totaler Rückzug hinzu, führt dies fast immer zur Überforderung beim Partner mit teils ungünstigen Gegenreaktionen, die schnell zur Eskalation führen.

Hinter einer heftigen Wut verbergen sich oft schreckliche Gefühle von Hilflosigkeit, Angst und Scham. Darüber zu sprechen würde den Betroffenen noch verletzbarer machen. Er befindet sich in einem Zwiespalt: Einerseits benötigt er dringend den sicheren Hafen der Beziehung, andererseits kann er kaum glauben, dass es diesen Halt gibt. Dem Partner begegnet eine große Ambivalenz, die auch für ihn schwer auszuhalten ist.

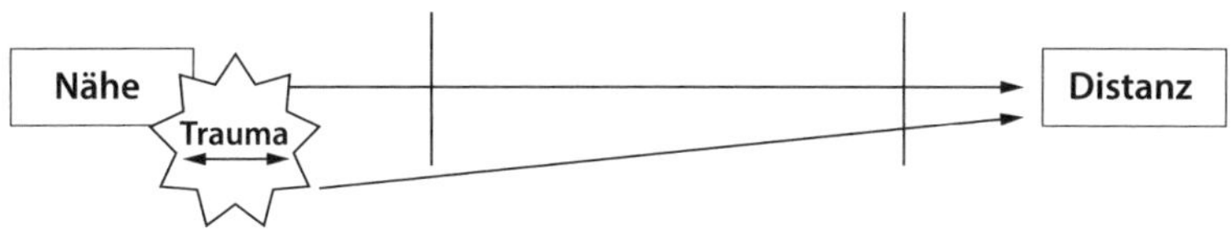

Abbildung 7.4: Nähe reaktiviert traumatische Erfahrungen, dies führt zu irritierender Nähe-Abwehr, Ambivalenz, heftigen Gefühlsschwankungen, Rückzug und Konflikten in der Beziehung

Die große Herausforderung für den Partner besteht darin, innerlich präsent und zugewandt zu bleiben, obwohl er mit problematischen Gefühlen konfrontiert wird. Gelingt es ihm, der Fels in der Brandung zu sein, kann dies helfen, auf den Partner beruhigend einzuwirken, sodass seine Angst sich mildert und er innerlich ruhiger werden kann. Wie schwer das sein kann, zeigen die Erfahrungen von Inken und Ruben.

Ich hätte dich trösten müssen

INKEN: *In meiner Kindheit gab es einen Freund meines Vaters, der zu uns kam, um auf mich aufzupassen, wenn meine Eltern ausgingen. Er kam zu mir ins Kinderzimmer, in dem ich spielte. Ich musste mich aufs Bett setzen. Dann hat er vor meinen Augen Dinge getan, die ich nicht wollte. Ich war wie das Kaninchen vor der Schlange und geschockt. Ich hatte jedes Mal Angst, wenn er wiederkam.*

RUBEN: *Da ist deiner Seele wirklich ein Schaden zugefügt worden.*

INKEN: *Ja. Viel schlimmer war allerdings die Reaktion meiner Mutter: Ich habe es ihr nach einiger Zeit erzählt, doch sie wollte davon nichts wissen. Sie meinte, meine Fantasie wäre mit mir durchgegangen. Ich habe mich so im Stich gelassen, schuldig und allein gefühlt.*

RUBEN: *Inken hat mir das erzählt, als wir ungefähr ein Jahr zusammen waren. Ich konnte damit nicht umgehen, fand das fürchterlich und war überfordert. Damals war es so, als wäre ein unerträglicher Schmerz in mich übergegangen. Ich habe das nicht ausgehalten und bin rausgegangen.*

INKEN: *Das war schrecklich für mich. Ich fühlte mich fallen gelassen. Es war wie eine Wiederholung der Erfahrungen mit meiner Mutter.*

RUBEN: *Heute verstehe ich, dass ich dich hätte trösten müssen. Damals hat mich das massiv überfordert.*

INKEN: *Mit dem Abstand von heute kann ich das zumindest etwas besser nachvollziehen. Ruben kann mich eigentlich trösten. Ich hatte vor einiger Zeit einen schrecklichen Albtraum und war panisch. Du hast mich danach ganz selbstverständlich umarmt und ich konnte mich beruhigen. Das war schön.*

Ein schwieriger Balanceakt

Hat der Betroffene seine traumatischen Erlebnisse noch nicht gut bearbeitet, ist dies allerdings ein schwieriger Balanceakt, weil die Dynamik vermutlich auch im Partner Gefühle hervorruft. Sollten Sie sich überfordert fühlen oder in Kontakt mit eigenen Traumata kommen, scheuen Sie nicht, für sich selbst oder als Paar eine Begleitung zu suchen. Sollten Sie den Verdacht haben oder wissen, dass Sie selbst oder Ihr Partner traumatisiert wurden, sprechen Sie dies offen an.

Überfordern Sie sich selbst und Ihren Partner nicht mit der Vorstellung, damit alleine klarzukommen. Spätestens wenn Sie feststellen, dass die emotionalen Stürme überhandnehmen oder Sie sich gegenseitig gar nicht mehr erreichen können, holen Sie sich Unterstützung an einer Beratungsstelle oder bei einem Paartherapeuten!

Reflexion

1. Wurde ich in früheren Beziehungen verletzt, vernachlässigt, missachtet oder übergriffig behandelt?
2. Wirken diese negativen Erfahrungen störend in meine aktuelle Beziehung hinein?
3. Gibt es Auslöser und emotionale Reaktionen, die mich oder meinen Partner irritieren?

Ich nehme meine alten Verletzungen ernst und hole mir Unterstützung, wenn ich von meinen Gefühlen überfordert bin.

7.4 Beziehungsfeindliche Pseudonähe – Distanz durch Offenheit

Ich habe doch alles gesagt, was ich fühle

Offenheit ist für eine Beziehung wichtig. Die Türen und Fenster zum eigenen Innenleben für den Partner zu öffnen trägt dazu bei, etwas voneinander zu erfahren und sich kennenzulernen. Erst dann kann man sich aufeinander beziehen, Nähe entwickeln und sich angenommen fühlen. Da kann es auf den ersten Blick verwirrend klingen zu behaupten, Offenheit könne Distanz erzeugen. Das ist verständlich, denn ein weitverbreitetes Credo lautet, man müsse in einer Beziehung offen sein und über alles reden. Doch stimmt das in der behaupteten Allgemeingültigkeit?

Zu große Offenheit kann das Gegenteil bewirken. Offenheit im unpassenden Moment und bis ins kleinste Detail kann abstoßend wirken. Der Gedanke „Wenn ich nur alles mitteile, was ich fühle und erlebt habe, wird mein Partner mich verstehen und wohlwollend sein" ist trügerisch.

Hauptsache authentisch!?

Möglicherweise haben schambefreite Fernsehsendungen und Talkshows, in denen jegliches Gefühl für eine angemessene Distanz verloren gegangen ist, dazu beigetragen, ein neues Ideal in die Welt zu setzen: Hauptsache authentisch! Sei, wer du bist, und zeige es! Emotionen werden zur Selbstinszenierung und narzisstischen Aufwertung instrumentalisiert.

Im Grunde genommen ist dieser Ansatz beziehungsfeindlich, weil das Befinden des Partners ausgeblendet wird. Es spielt keine Rolle, ob er bereit und daran interessiert ist, etwas von mir zu erfahren. Nicht selten fühlt er sich benutzt und fragt sich, was das mit ihm zu tun hat.

MERLIND: *Als ich schwanger wurde, hat mir Björn offenbart, dass er vor sechs Jahren, das war am Anfang unserer Beziehung, fremdgegangen ist. Das hat mir total den Boden unter den Füßen weggezogen.*

BJÖRN: *Ich wollte einfach ehrlich sein und das nicht mehr mit mir herumtragen.*

MERLIND: *Ich verstehe nicht, warum ich das wissen muss! Und warum du es mir gerade dann sagst, wenn wir dabei sind, eine Familie zu gründen. Warum hast du es damals nicht gleich gesagt?*

BJÖRN: *Ich war unsicher und wollte die Beziehung nicht gefährden. Jetzt wollte ich es nur gutmachen und habe gehofft, dass dadurch mehr Vertrauen entsteht, wenn ich dir dieses Geheimnis offenbare.*

MERLIND: *Aber jetzt, in einer Situation, in der ich sensibel bin und dich brauche, muss es raus?! Ich habe den Eindruck, es geht nur darum, dein Gewissen zu entlasten, und gar nicht um mich. Du hast das Gegenteil erreicht, mein Vertrauen ist beschädigt. Mich verletzt das!*

Die „verspätete" Offenheit von Björn schafft keine Nähe, sondern führt zu einer emotionalen Distanz. Björn befand sich jahrelang in einem inneren Konflikt. Einerseits hatte er Angst um die Beziehung und war unsicher, was geschieht, wenn er seinen One-Night-Stand „beichtet". Andererseits hat ihn dieses Geheimnis blockiert. Sein schlechtes Gewissen ließ ihn zurückhaltend sein. Er wahrte innerlich stets eine gewisse Distanz, weil er fürchtete, „entlarvt“ zu werden. Dies blockierte einen Teil seiner Beziehungsenergie. Um aus diesem Dilemma herauszukommen, entschied er sich zu einem denkbar ungünstigen Zeitpunkt für die „Flucht nach vorn“.

Pseudonähe

Auch gesellschaftliche Entwicklungen wirken in die Beziehungsgestaltung und den Umgang mit Nähe hinein. Die Kommerzialisierung der Partnersuche durch Partnerschaftsportale ist mittlerweile fester Bestandteil unserer Lebenswirklichkeit. Die Soziologieprofessorin Eva Illouz weist darauf hin, dass sich in diesen Arrangements Partner wie Einkäufer begegnen. Sie suchen nach dem perfekten Deckel für den Topf. Das ist legitim. Doch nicht jedes Portal hat Interesse daran, Nähe und feste Bindungen zu stiften.

„Mein Bett kenne ich schon“, „Ich trage doch auch nicht jeden Tag die gleichen Schuhe“ – mit diesen Slogans wirbt ein sexorientiertes Partnerportal. Als wären menschliche Beziehungen eine Ware, die man nach Belieben austauschen oder neu anschaffen kann. Frei nach der Devise: Ich teste, ob du meine Bedürfnisse befriedigen kannst. Einhergehend mit dem Anspruch: Du *musst* mir schon geben, was ich will und brauche. Wenn es mir nicht angeboten wird, gehe ich zum Nächsten. Ich erlaube etwas Nähe, ohne mich wirklich einzulassen.

Unmerklich schleicht sich die paradoxe Haltung ein: Ich will *kein* Risiko eingehen, *deswegen* komme ich dir ganz nah, ob du willst oder nicht. Oder mit anderen Worten: Ich teste dich, indem ich mich versuchsweise ganz weit öffne – ohne mich emotional einlassen zu müssen –, und minimiere dadurch das Risiko, verletzt zu werden. Die Phase eines behutsamen Kennenlernens kann ich mir dadurch sparen. So kann ich mich gegebenenfalls schnell zurückziehen. Denn zu nah darf es im „Warenverkehr“ nicht werden, das würde verletzlich machen oder zu verbindlich sein. Nähe erscheint in diesem Zusammenhang wie Pseudonähe, die lediglich zweckdienlich eingesetzt wird.

Ich habe mich nackig gemacht

Um herauszufinden, ob es „matcht“, oder weil der Hunger nach einer Beziehung groß geworden ist, besteht die Neigung, (zu) schnell intime Details zu offenbaren. Dahinter verbirgt sich eine Fehlannahme: Wenn ich dir all meine Gefühle, Ängste, Fantasien, Träume und Schwächen zeige, kannst du mich gar nicht mehr ablehnen. Wenn du es dennoch tust, bist du nicht akzeptabel. Der Anspruch „Du *musst* mich so nehmen, wie ich bin, sonst bist du der falsche Partner für mich!" entlarvt eine gut verborgene Selbstbezogenheit.

Die Vorstellung, wenn ich mich ganz weit öffne, wird er oder sie mich so annehmen, wie ich bin, führt in die Irre. Wer zu früh zu viel von sich preisgibt, läuft Gefahr, das Gegenteil von dem zu bekommen, was er sich wünscht: Distanz statt Nähe.

Mieke: *Ich war so unendlich traurig und verletzt, weil Marco sich längere Zeit nicht gemeldet hat, und wusste nicht, wohin mit meinen Gefühlen. Ich dachte, wir hätten eine Beziehung, die sich weiterentwickelt.*

Marco: *Ich war noch nicht so weit. Mich haben deine Gefühlsäußerungen massiv überfordert. Du hast mir plötzlich von deiner schlimmen Kindheit und früheren Beziehungen erzählt und mir erklärt, warum du jetzt so bist, wie du bist. Und warum es für dich ganz wichtig ist, dass ich alles weiß. Und hast mir fast vorgeschrieben, wie ich mich jetzt zu verhalten habe.*

Mieke: *Ich war einfach verzweifelt. Ja, ich habe mich total nackig gemacht, das stimmt. Ich musste das einfach loswerden.*

Marco: *Aber es hat dich nicht interessiert, ob ich das überhaupt hören möchte. Ich kam mir vor wie ein Mülleimer, in dem alles abgeladen wird. Da kannst du kein Mitgefühl erwarten.*

Reflexion

1. Welche Erfahrungen habe ich mit zu großer Offenheit gemacht?
2. Worin besteht für mich das richtige Maß an Offenheit?
3. Was bedeutet es für mich, authentisch zu sein?
4. Wie geht es mir mit spontanen Gefühlsäußerungen?

Ich überlege sorgfältig und wähle dann aus, was ich meinem Partner mitteilen möchte. Dann frage ich ihn, ob er bereit ist, mir zuzuhören.

8. Brücken bauen

8.1 Ängste ins Gespräch bringen

Die inneren Stoppschilder ernst nehmen

In den abschließenden Kapiteln finden sich Anregungen und Überlegungen, wie Sie als Paar Brücken zueinander bauen können. Die Überwindung von Ängsten spielt dabei eine wesentliche Rolle. Wie in Kapitel 6 über die Bindungsstile deutlich wurde, ist es wichtig, wie relevante Bezugspersonen auf grundlegende Bedürfnisse antworten oder geantwortet haben. Erleben wir wohlwollende Resonanz auf unsere Existenz und die Bedürfnisse nach emotionaler Ansprache, Wärme, Versorgung, Wertschätzung, Interesse, Schutz, Ermutigung, Halt, Geborgenheit und Trost, bildet sich Vertrauen und wir erlauben Menschen, uns nah zu kommen. Haben wir hingegen Ablehnung, Ignoranz, Gleichgültigkeit, Missbrauch oder Feindseligkeit erfahren, empfinden wir die Nähe zu einem Menschen nicht mehr vorbehaltlos positiv, sondern werden vorsichtig.

Ist die Zurückweisung existenziell wichtiger Belange gravierend, wird Nähe unangenehm erlebt. Nähe löst dann Angst oder Panik aus. Den Schmerz früherer Ablehnung und Versagungen möchte man nicht spüren. Es ist, als würde ein inneres Nähe-Stopp-Schild auftauchen und signalisieren: „*Bis hierhin und nicht weiter!*"

Ein Kind speichert seine Erlebnisse meist als Gewissheiten ab, wenn es wiederkehrend die gleichen negativen Erfahrungen macht. Es neigt dazu, diese im weiteren Verlauf zu generalisieren und in jeder Beziehung zu vermuten. Beispielsweise:

Für mich interessiert sich keiner. – Ich werde doch wieder ausgenutzt und betrogen. – Alleine komme ich besser klar. – In einer Beziehung bin ich verloren. – Es ist besser, mich anzupassen und keine eigenen Wünsche zu haben. – Wenn ich mich öffne, werde ich verletzt. – Eine Beziehung ist kein sicherer Ort.

Unter dem Schutzmantel dieser Überzeugungen bleiben die Unsicherheiten und Ängste dennoch erhalten – wenn auch gut verborgen. In einer nahen Beziehung melden sie sich wieder und fordern Aufmerksamkeit. Dann ist es gut, sie zu kennen und beim Namen zu nennen. Die folgende Liste (Tabelle 8.1) fasst die wichtigsten Ängste zusammen.

Ängste im Zusammenhang mit Nähe	Kenne ich
• Ich habe Angst vor Ablehnung.	☐
• Ich habe Angst davor, jemanden zu brauchen.	☐
• Ich habe Angst, keine Bedeutung zu haben.	☐
• Ich habe Angst, emotional zu verhungern und zu sterben.	☐
• Ich habe Angst, benutzt und manipuliert zu werden.	☐
• Ich habe Angst, missbraucht zu werden.	☐
• Ich habe Angst, nicht gesehen zu werden.	☐
• Ich habe Angst, für den anderen sorgen zu müssen, um nicht allein zu sein.	☐
• Ich habe Angst, verlassen zu werden.	☐
• Ich habe Angst, nicht interessant und liebenswert zu sein.	☐
• Ich habe Angst, für die schreckliche Situation verantwortlich zu sein.	☐
• Ich habe Angst, den Erwartungen nicht zu genügen.	☐
• Ich habe Angst, mit Liebesentzug oder körperlich bestraft zu werden.	☐
• Ich habe Angst, nicht wichtig zu sein.	☐
• Ich habe Angst, keine Liebe zu verdienen.	☐
• Ich habe Angst, niemals vertrauen zu können.	☐
• Ich habe Angst, schwach, abhängig und verletzlich zu sein.	☐
• Ich habe Angst, böse zu sein.	☐
• Ich habe Angst, dass die Welt und die Menschen schlecht sind.	☐
• Ich habe Angst, mich selbst zu verlieren.	☐

Tabelle 8.1: Checkliste: Nähe-Ängste

8.2 Das Kind im Erwachsenen

Nähe öffnet das Archiv bisheriger Beziehungserfahrungen

Mit hoher Wahrscheinlichkeit wird das Kind in uns sich im Erwachsenenleben melden, wenn sich eine Beziehung anbahnt und mehr Nähe entsteht. Kommen wir einander näher, kommen wir uns selbst näher. Das Archiv unserer Beziehungserfahrungen öffnet sich unmerklich. Gute wie schlechte Erfahrungen sind dort gespeichert. Die Bindungsstile treten hervor und werden sichtbar. Wird es zu nah oder zu distanziert, greifen wir zu Abwehrmaßnahmen.

Wir werden reizbar, verstummen oder suchen Streit. Gefühle können abgeschaltet werden, sodass man für den Partner nicht mehr erreichbar ist. Zweifel tauchen aus heiterem Himmel auf, ob er überhaupt der Richtige ist. Möglicherweise betonen wir, wie wichtig uns unsere Freiheit ist, machen ihm Vorwürfe oder entwerten ihn. Hauptsache, es entsteht nicht noch mehr Nähe. Wir gehen abrupt oder unmerklich auf Distanz. „You can't catch me", lautet das Motto, „an mich kommst du jetzt nicht ran!"

All diese Facetten der Nähe-Abwehr verdeutlichen den großen emotionalen Stress, wenn es in einer Beziehung zu nah wird. Wir werden unruhig. Diese unangenehmen Gefühle regulieren wir, indem wir uns innerlich oder äußerlich distanzieren (Abb. 8.1). Erst in der Distanz gelingt es, uns zu beruhigen und zu unserem Gleichgewicht zurück zu finden.

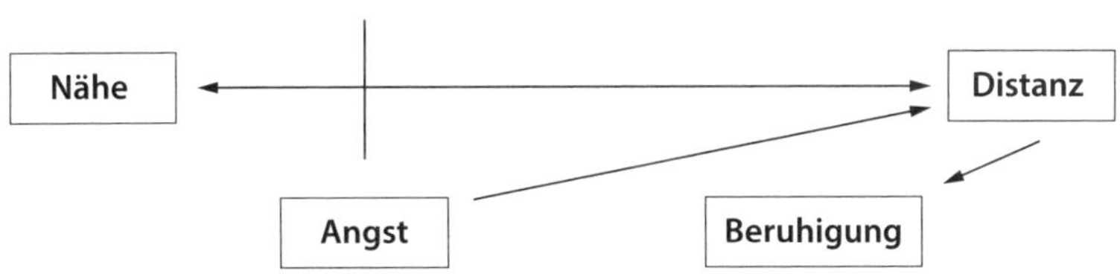

Abbildung 8.1: Beruhigung suchen durch Flucht in die Distanz

Es ist nachvollziehbar, dass wir unseren Ängsten mit Unbehagen begegnen. Dennoch macht es Sinn, ihnen mit Wertschätzung zu begegnen. Mit gutem Grund gehören sie zur biologischen Grundausstattung des Menschen. Sie dienen dazu, uns auf Gefahren aufmerksam zu machen, um uns rechtzeitig schützen zu können. Im Umfeld der Nähe lauert die Gefahr jedoch nicht unbedingt in der Außenwelt, sondern in der Innenwelt unserer Gefühle und den damit verbundenen Erinnerungen.

Wir bauen ein emotionales Schwingungsfeld auf

Gehen wir eine intime Beziehung ein, die mehr Nähe mit sich bringt, baut sich ein emotionales Schwingungsfeld auf. Wir interagieren mit unserem Partner nicht nur verbal, sondern auch mit Gefühlen. Er reagiert auf unsere Signale, wir auf seine. Der Nähe-Seismograf schlägt an, wenn es zu nah wird (Abb. 8.2). Die Signale, die er sendet, reichen von schlechter Laune, innerer Unruhe und Gereiztheit bis hin zu unerklärlichem Ärger oder panischer Angst. Wir empfinden dann sehr unmittelbar körperliches Unbehagen und spüren, dass das emotionale Gleichgewicht in Unordnung geraten ist. Ist- und Soll-Zustand stimmen für uns subjektiv nicht mehr überein. All diese Symptome weisen darauf hin, dass das Verhältnis von Nähe und Distanz neu austariert werden sollte. Das ist sinnvoll, denn sonst nimmt die Beziehung Schaden.

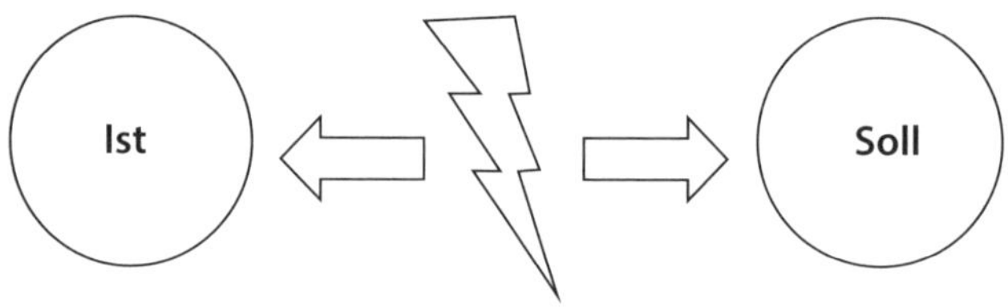

Abbildung 8.2: Der Nähe-Seismograf

Orientierung ermöglichen

Ängste ansprechen und Erwartungen klären

Ich plädiere für eine gute Portion Sanftmut im Umgang mit seinen Ängsten. Denn über Ängste zu sprechen fällt nicht immer leicht. Außerdem muss man sich mit ihnen vertraut machen, sie anerkennen und verstehen lernen. Das geht am besten, wenn man ihnen freundlich begegnet. Dann hat man eine gute Grundlage für ein Gespräch mit dem Partner.

1. Zu sich selbst ehrlich sein

Im ersten Schritt ist es ratsam, zu sich selbst ehrlich zu sein. Diese radikale Akzeptanz der eigenen Gefühle, und seien sie noch so unangenehm, wirkt befreiend. Indem man anerkennt, was man wirklich fühlt und braucht, bildet sich eine innere Stabilität als wichtige Voraussetzung für einen Austausch mit dem Partner.

Die Aufgabe besteht darin, seine Ängste zu erkennen und benennen zu können. Für den Partner ist es hilfreich, wenn er davon erfährt, denn sonst kann er die abwehrenden Gesten und Verhaltensweisen nicht einordnen.

2. Ängste und Bedürfnisse ernst nehmen

Der zweite Schritt besteht darin, sich selbst mit seinen Wünschen und Bedürfnissen ernst zu nehmen. Das erhöht die Wahrscheinlichkeit, auch von anderen ernst genommen zu werden: Ihr Partner spürt, dass Ihnen Ihr Anliegen wichtig ist.

3. Das Gespräch suchen

Im dritten Schritt geht es darum, sich mit seinen Gefühlen, Befürchtungen und Wünschen zu verbünden und sie auszusprechen. Erst dadurch wird es möglich, das richtige Maß von Nähe und Distanz auszuloten.

Reflexion

1. In welchen Momenten oder Situationen wird es mir zu nah?
2. Gibt es konkrete Auslöser?
3. Was genau geschieht dann?
4. Wie reguliere ich in solchen Momenten Nähe und Distanz?
5. Gelingt es mir, ein Unbehagen oder eine Angst offen anzusprechen?
6. Weiß ich, was ich in solchen Momenten von meinem Partner brauche oder erwarte?

Indem ich über meine Befürchtungen spreche, entlaste ich mich und meinen Partner.

8.3 Über eine Brücke musst du gehen

Du bist so weit weg

Kein Mensch ist eine Insel, die unverbunden im weiten Ozean der Beziehungen angesiedelt ist. Selbst in Zeiten des Alleinseins kann es sein, dass eine Sehnsucht uns zumindest gedanklich mit einem bekannten oder noch unbekannten, aber ersehnten Partner verbindet.

Wenn wir uns in einer Partnerschaft alleine fühlen, gilt es, *Brücken zu bauen.* Es müssen nicht unbedingt sieben Brücken sein. Eine genügt, wenn sie wohlwollend emotional gebaut und tragfähig ist. Der Vorteil einer Brücke besteht darin, dass sie zwei Seiten miteinander verbindet. Zwei Menschen können auf getrennten Seiten eines Ufers stehen. Jeder in und auf seinem eigenen Grund und Boden. Es ist möglich, sich zu besuchen und in den Gefilden des anderen miteinander Zeit zu verbringen. Eine gute Art, nicht nur den Lebensbereich, sondern auch die Gefühls- und Gedankenwelt des Partners kennenzulernen Man kommt sich näher, selbst wenn man nicht alles nachvollziehen kann oder gutheißt. *„Ach, so sieht es bei dir aus. Ach, so denkst du darüber. Ach, so empfindest und fühlst du!"*

In einer Beziehung kann es vorkommen, dass man den Kontakt zueinander oder zu sich selbst verliert. Im ersten Fall ist die emotionale Brücke zum Partner nicht in Sicht, im zweiten Fall die Brücke zum eigenen Innenleben. Wenn es dann gelingt, sich zu öffnen, können überraschende Dinge geschehen. Doch der Weg dorthin kann beschwerlich sein.

Ich kann keine Nähe aufbauen

Felicitas und Konrad sind seit zehn Jahren zusammen, davon seit acht Jahren verheiratet. Zu den beiden Kindern aus der ersten Ehe Konrads besteht ein guter Kontakt. Felicitas hat als Pastorin einen erfüllenden Beruf gefunden, der sie allerdings in letzter Zeit zunehmend erschöpft. Konrad ist acht Jahre älter. Durch eine schwere Erkrankung muss er sich in kritischen Phasen schonen. Er ist engagiert in mehreren Ehrenämtern tätig. Durch die Pandemie ist er bereits längere Zeit im Homeoffice tätig. Ihm fehlt der Austausch mit anderen.

Felicitas: *Ich habe den ganzen Tag mit Menschen zu tun gehabt. Wenn ich nach Hause komme, brauche ich meist Ruhe und will nicht noch mehr zuhören oder reden müssen.*

KONRAD: *Ich sitze hier im Homeoffice wie ein Vogel im Käfig und komme mir eingesperrt vor. Ich möchte gern erzählen und loswerden, was tagsüber passiert ist. Ich bin froh, dich zum Reden zu haben.*

FELICITAS: *Ich weiß, dass du enttäuscht bist. Aber ich kann in solchen Momenten keine Nähe aufbauen, weil ich Distanz brauche. Jedenfalls, wenn meine Tage mit vielen Gesprächen angefüllt waren.*

KONRAD: *Andererseits beklagst du dich darüber, dass ich dich nicht verstehen würde.*

FELICITAS: *Das stimmt. Es gibt Zeiten, da wünsche ich mir Zuwendung und Trost, wenn ich mich schwach und erschöpft fühle. Ich habe oft versucht, dir davon zu erzählen, aber du hast fast immer mit Ratschlägen reagiert und meine Situation analysiert.*

KONRAD: *Ich bin eben der Vernunfttyp und entscheide nach sachlicher Abwägung.*

FELICITAS: *Mir fehlen Mitgefühl und Anteilnahme. Du kannst mich einfach nicht trösten.*

Felicitas und Konrad finden emotional in diesem Dilemma noch nicht zusammen. Sie erleben sich an diesem Punkt sehr unterschiedlich: Auf der einen Seite der sachliche, analytische Konrad, der sich in seinem Bemühen, seine Frau durch die Analyse der Fakten zu unterstützen, unverstanden fühlt. Auf der anderen Seite die emotionale Felicitas, die keine Verbindung zu ihrem Mann spürt und sogar über eine Trennung nachdenkt. Konrad ist darüber sehr erschrocken, obwohl auch er solche Gedanken kennt.

KONRAD: *Ich habe Mühe, zu verstehen, was du meinst. Ich kann nicht so gut in mich hineinspüren und mit Gefühlen reagieren. Mir macht das Angst, wenn du eine Trennung andeutest. Ich kann dann keine Nähe aufbauen.*

FELICITAS: *Ich spüre keinen Kontakt zu dir. Du bist so weit weg. Ich sehe nicht, ob es dich erreicht, wenn ich Gefühle zeige und Trost benötige.*

Brücken in die Vergangenheit

Felicitas und Konrad versuchen, einander zu erreichen und zu verstehen. Doch warum fällt ihnen das so schwer? Aufschlussreich ist ein Rückblick in die Lebensgeschichte der beiden. Konrad war früh auf sich allein gestellt. Seine Eltern waren emotional distanziert und sehr jung, als sie Eltern wurden.

KONRAD: *Mit 16 bin ich zu Hause ausgezogen. Ich bin immer vernunftorientiert gewesen und habe Einsicht in die Notwendigkeit gehabt, Dinge sachlich zu regeln. Ich werde niedergeschlagen, wenn mir ein vernünftiger Austausch verwehrt wird. Dann fühle ich mich allein.*

Felicitas hatte eine schwer depressive Mutter, die oft schlecht gelaunt war. Wenn sie sich ihrer Mutter entzog, indem sie zur Großmutter ging, wurde die Mutter wütend. Es gab Streit und Schläge mit dem Kochlöffel. Für den Vater war sie ein Partnerersatz, der sie wie ein Objekt benutzte. Von ihm wurde sie verprügelt.

Felicitas: *Ich habe mich einsam und verloren gefühlt. Da war keiner, der mich tröstete.*

Minimaldosis Mitgefühl

Beide haben in ihren Elternhäusern kaum Empathie und Mitgefühl erlebt. Konrad musste früh erwachsen werden und Verantwortung für sich übernehmen. Seine Bedürfnisse waren nicht relevant. Emotionale Zuwendung gab es nicht. Felicitas wurde misshandelt und emotional vernachlässigt. Verständlicherweise sucht Felicitas eine emotionale Verbindung zu ihrem Mann. Auch Konrad tut dies auf seine Weise, indem er von seinem Tag berichten möchte oder seiner Frau mit Ratschlägen zur Seite stehen will. Doch eine emotionale Brücke zu bauen gelingt noch nicht. Es ist eine Öffnung Konrads, die eine Verbindung herstellt.

Felicitas: *Ich brauche eine Minimaldosis Mitgefühl und eine Verbindung zu meinem Mann. Die ist ganz überraschend entstanden. In seiner Verzweiflung hat er mir vor einigen Tagen unter Tränen offenbart, wie einsam er sich fühlt. Ich habe mich ihm plötzlich sehr nah und verbunden gefühlt. Er hat mich erreicht und berührt – das war die Wende. Ich habe jetzt wieder Hoffnung, dass wir zusammenbleiben können.*

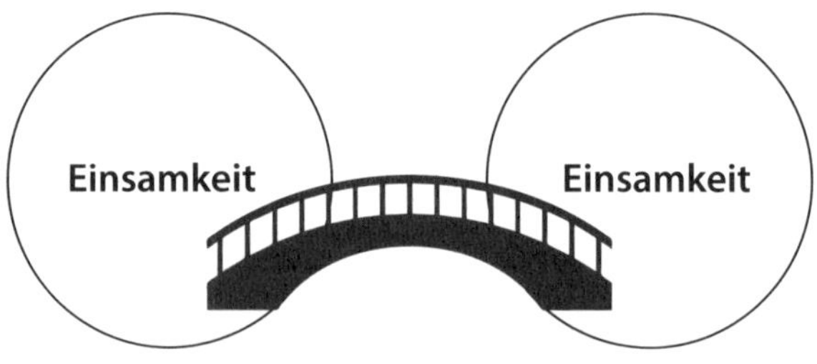

Abbildung 8.3: Eine emotionale Brücke bauen

Der Einblick in die Gefühlswelt ihres Mannes erwärmt Felicitas für ihn. Es entsteht eine emotionale Brücke. Denn auch Felicitas fühlt sich einsam und verlassen. Beide sind bemüht, ihr jeweiliges Gefühl von Einsamkeit zu verstehen und kennenzulernen. Über ihre Einsamkeit zu sprechen lässt sie weniger einsam sein. Konrad zeigt Verständnis für die schwierige Kindheit von Felicitas. Er erlebt ihre Eltern auch heute noch äußerst distanziert und kühl.

Konrad: *Sie begrüßen dich wie eine Fremde nur mit einem Handschlag. Ich könnte verstehen, wenn du dich ganz von ihnen lossagst.*

Felicitas fühlt sich zum ersten Mal seit langer Zeit von Konrad verstanden. Jetzt entsteht eine Brücke, über die beide sich vorsichtig annähern. Sie beginnen darüber zu sprechen, was es so schwierig macht, einander zu trösten.

Felicitas: *Wenn ich dich um Trost bitte, muss ich dir zeigen, wie das geht. Du umarmst mich mechanisch, ich spüre deine Hilflosigkeit. Dann bekomme ich Angst, weil ich fürchte, zu kurz zu kommen.*

Konrad: *Das betrübt mich, denn da ist viel Mitgefühl für dich da. Vielleicht kann ich das einfach nicht zeigen, weil ich es nie kennengelernt habe.*

Um seiner Frau zu verdeutlichen, wie viel sie ihm bedeutet, schildert er eine Begebenheit, die erst einige Tage zurückliegt:

> *Ich weiß, wie viel dir unser Hund bedeutet. Als es ihm schlecht ging, weil er wohl was Falsches gegessen hatte, hat dich das sehr bekümmert. Ich habe dann nachts bei ihm geschlafen und bin am nächsten Tag mit ihm im Wald spazieren gegangen. Dort hat er sich dann zweimal erleichtert, und es ging ihm besser. Um dich zu beruhigen, habe ich dir sofort per WhatsApp eine Nachricht geschrieben, weil ich wusste, dass es dich belastet hat.*

Felicitas ist überrascht und gleichzeitig gerührt: *Das ist deine Art der Anteilnahme? Ich habe das erst gar nicht richtig verstanden. Aber das berührt mich.*

Konrad: *Ich hatte mich gewundert, warum du fast gar nichts dazu gesagt hast. Ich war sogar enttäuscht. Wir gehen wohl sehr verschieden durch die Welt. Aber ich finde, vieles läuft gut, wir haben eine Basis.*

Felicitas: *Ich glaube, wir haben noch viel zu lernen. Es wäre schön, wenn wir uns gegenseitig unterstützen könnten.*

Felicitas und Konrad sind auf einem guten Weg. Sie lernen einander auf neue Weise kennen und bemühen sich, die Innenwelt des anderen zu verstehen. Auch sich selbst lernen sie dadurch neu kennen.

Reflexion

1. Kenne ich Momente der Einsamkeit und Unverbundenheit in meiner Beziehung?
2. Wie gehe ich damit um?
3. Welche Brücken helfen mir, wieder Verbundenheit und Nähe herzustellen?

Indem ich meine Einsamkeit annehme und mich öffne, kann eine neue Verbundenheit entstehen.

8.4 Brücken bauen und Distanz überwinden – ein Beispiel

Eine Brücke, über die noch keiner geht – wir sind noch nicht über den Berg

Das Wechselspiel von Zuwendung und Abwendung, von Nähe und Distanz, Hingabe an den Partner und Hingabe an sich selbst ist für jede Beziehung bedeutsam. Stimmt die Balance, ist man zufrieden. Entsteht ein Ungleichgewicht oder ein Mangel, wird man unzufrieden. Dann heißt es:

Du bist so weit weg, ich kann dich nicht erreichen! Oder: *Das ist mir zu nah, ich habe mich selbst verloren!*

Die Brücke als Symbol

Die Symbolik der Brücke beinhaltet mehrere Deutungsebenen. Es kann Situationen geben, in denen man bewusst Brücken abbricht, weil man mit bestimmten Erfahrungen und Personen abschließen möchte, um frei für Neues zu werden. Eine Brücke kann gleichermaßen dazu dienen, Gräben und Abgründe zu überwinden, um wieder zusammenzukommen. Dann hilft sie dabei, Grenzen und das Trennende zu überwinden.

Brücken ermöglichen Übergänge und Perspektivwechsel. Vom anderen Ufer aus betrachtet, entdeckt man Neues und Überraschendes. Aus der Distanz ergeben sich neue Blickwinkel, vielleicht sogar die Möglichkeit und der Wunsch, zu neuen Ufern aufzubrechen.

Ein Paar kann sich darüber austauschen, unter welchen Bedingungen der andere näher kommen darf. Und miteinander ausloten und herausfinden, wie weit der andere den intimen Raum der Gefühle, des Körpers und der sexuellen Begegnung betreten darf. Oder wann man mehr Distanz benötigt. Dann gilt es zu überlegen, wie sich diese Zeit gut überbrücken lässt.

Eine emotionale Brücke in der Beziehung ermöglicht zwei wichtige Bewegungen:
1. Man kann einander besuchen, um zusammen sein.
2. Man kann sich zurückziehen, um für sich allein zu sein.

In der Mitte kann man sich treffen, um zu überlegen, wo man hinmöchte und wie man vorgehen möchte. Dieses Wechselspiel erhält eine Beziehung lebendig!

Paare, denen eine nahe, emotionale Verbundenheit verloren gegangen ist, beschreiben dies, wie erwähnt, häufig so: *Wir stehen wohl an unterschiedlichen Ufern.* Oder: *Es ist so, als würde jeder unverbunden auf seiner eigenen Insel leben.* Sie beschreiben eine gefühlsmäßige Distanz, obwohl sie sich das Gegenteil wünschen. Doch Nähe und Distanz sind zwei Seiten einer Medaille. Kommen beide Seiten zu ihrem Recht, behält die Beziehungsmünze ihren Wert. Um dies zu verdeutlichen, möchte ich Ihnen den Weg von Ella und Paul vorstellen.

Bedeute ich dir eigentlich noch etwas?

Ella und Paul sind gleich alt und seit 20 Jahren zusammen. Sie haben zwei Töchter, elf und neun Jahre alt. Ella arbeitet halbtags als Erzieherin, Paul ist Informatiker. In den letzten Jahren gab es zahlreiche berufliche Belastungen, die beide an ihre Grenzen brachten. Sie empfinden ihre Beziehung zunehmend als eine Wohngemeinschaft mit Kindern. Als Liebespaar kommen sie kaum noch vor. Beide vermissen körperliche und emotionale Nähe.

Sie wollen herausfinden, ob und wie es weitergehen kann. Sie können nicht gut miteinander über das reden, was sie innerlich beschäftigt. Die Kinder spüren die Spannungen und leiden darunter. Sie möchten verstehen, was sie auseinanderbringt und mehr Nähe verhindert. Hören wir, wie sie miteinander reden.

Paul: *Du stürzt dich in Aktivitäten und entfernst dich immer mehr von mir. Ich habe große Angst, dass es immer schlimmer wird. Ich bin total verunsichert und fühle keine Verbindung mehr. Bedeute ich dir eigentlich noch etwas?*

Ella: *Ich fühle mich auch nicht geliebt. Mir fehlt das Interesse an dem, was mich beschäftigt. Ich fühle mich dir nah, wenn du liebevoll mit den Kindern umgehst. Über unsere Töchter können wir erstaunlich gut miteinander reden, über uns selbst nicht.*

PAUL: *Und wenn wir es mal versuchen, wirst du immer gleich so lösungsorientiert und kalt.*

ELLA: *Moment mal! Du nörgelst rum und wirst laut. Ich versuche, in meiner Verzweiflung ruhig zu bleiben. Ich stelle mich nicht ohne Grund demonstrativ vor die Kinder, wenn du verbal ausfällig wirst.*

PAUL: *Ich komme ja gar nicht mehr an dich heran. Wenn ich mal sexuell initiativ werde, bekomme ich eine Abfuhr. Mir fehlt die Nähe, ich weiß schon gar nicht mehr, was ich machen soll.*

ELLA: *Ja, weil ich die Grenze meiner Zuwendungsfähigkeit erreicht habe. Das ist mir dann zu intim. Händchenhalten oder eine kleine Massage würden mir gefallen, aber das ist dir zu wenig. Ich brauche eine vorsichtige Annäherung, nicht nur körperlich.*

Blenden wir an dieser Stelle aus. Ella und Paul schildern, dass dieser Zustand seit der Geburt ihrer zweiten Tochter und einer einvernehmlichen Abtreibung ein Jahr später schlimmer wurde. Beide haben außerdem den Verdacht, belastende Kindheitserfahrungen könnten in die gegenwärtigen Probleme hineinwirken.

Darum schlage ich vor, zunächst einen Blick zurückzuwerfen, um zu verstehen, wie sie ihre Kindheit erlebt haben. In der Vergangenheit finden sich in der Regel wichtige Hinweise auf gute oder problematische Beziehungserfahrungen. Um die emotionale Dimension besser zu erfassen, bitte ich darum, zunächst auf Worte zu verzichten und stattdessen einfache Zeichnungen und Bilder in Kreisform anzufertigen.

Die drei Kreise, die Sie im Folgenden sehen (Abb. 8.4–8.6), stehen für die Kindheit, das Erleben der gegenwärtigen Beziehung und die Beziehungswünsche für die Zukunft. Darin haben sie ohne Worte zum Ausdruck gebracht, wie sie ihre Kindheit emotional erlebt haben, wie sie ihre Beziehung aktuell erleben und künftig erleben möchten.

Es gab immer Spannungen

Abbildung 8.4: Paul: *So habe ich mich in meiner Kindheit gefühlt*

PAUL (beschreibt sein Bild): *Es gab immer Spannungen, das sind die Blitze. Leider nur kleine Lichtblicke, das ist die Sonne. Mein Vater ist gar nicht zu sehen. Die dunklen Wolken haben mit ihm zu tun. Er war schwer depressiv und hat mehrere Selbstmordversuche unternommen. Ich habe ihn gefunden. Das konnte und wollte ich nicht zeichnen.*

In der Mitte steht meine Mutter, links davon mein kleiner Bruder, rechts bin ich. Sie war, wie wir alle, hoffnungslos überfordert. Jeder war für sich. Ich fühlte mich allein und ratlos, hatte immer Angst. Meine Rolle war es wohl, zwischen meinen Eltern zu vermitteln oder sie zu retten.

Ich habe mich unendlich schwach und ausgeliefert gefühlt, das war schrecklich. Ich war mit diesen Situationen vollkommen überfordert. Darum wollte ich nie Kinder haben. Für mich ist diese Schwäche ein großer Makel. Ich mag es nicht, mich schwach zu fühlen und so gesehen zu werden.

Die Schilderungen von Paul sind erschütternd. Seine Kindheit war schwer belastet. Angst, Alleinsein, Ohnmacht und Überforderung standen im Vordergrund. Für seine Nöte gab es keinen Raum. Bis heute empfindet er es als Makel, wenn er sich schwach fühlt. Es ist zu vermuten, dass er sich sogar dafür schämt, der Situation damals nicht gewachsen gewesen zu sein. Er kann sich nicht vorstellen, dass er mit seinen Sorgen und Bedürfnissen angenommen wird. Wenn er Ella emotional nicht erreichen kann, wird seine Angst größer. Er fürchtet dann, wie das Kind in ihm, keine Bedeutung zu haben und nicht geliebt zu werden. Doch wie erlebt er die Beziehung zu Ella im Moment? Seine Zeichnung gibt darüber Auskunft.

Eine Brücke, über die noch keiner geht

Abbildung 8.5: Paul: *So erlebe ich unsere Beziehung*

Paul (beschreibt sein Bild): *Wir leben auf zwei verschiedenen Inseln. Die Blitze und die Spannungen sind zwar da, aber deutlich weniger als in meiner Kindheit. Die Sonne ist größer und besser zu sehen. Da ist viel Gutes in unserer Beziehung. Das Wasser ist aufgewühlt, weil unsere Gefühle manchmal so hochkochen. Da ist eine Brücke, die unsere Inseln verbindet, aber im Augenblick geht keiner zum anderen rüber.*

Erfreulicherweise erlebt Paul die Beziehung besser als seine Erfahrungen in der Vergangenheit. Allerdings findet er im Moment noch keine Ruhe, weil die unangenehmen Gefühle hohe Wellen schlagen. Er ist verunsichert. Zwar spürt er die Verbindung zu Ella, doch eine nahe Begegnung, nach der er sich sehnt, ist noch nicht möglich. In seinem Wunschbild wird diese Sehnsucht deutlicher:

Ich träume von einer gemeinsamen Insel

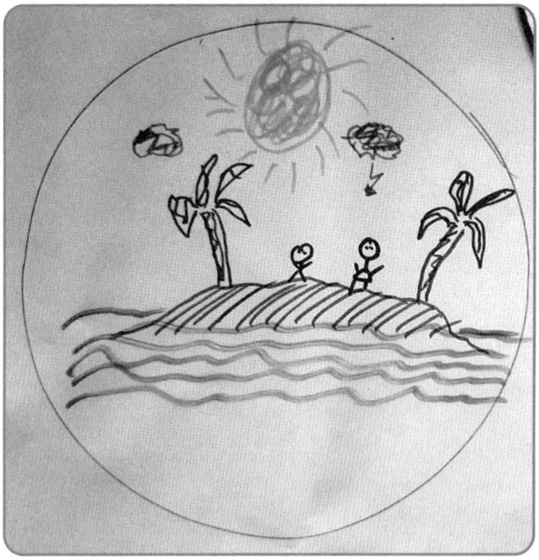

Abbildung 8.6: Paul: *So wünsche ich mir unsere Beziehung*

Paul (beschreibt sein Bild): *Ich träume davon, eine gemeinsame Insel zu haben, auf der wir beide gut existieren können. Ich möchte nicht mehr allein sein. Natürlich ist mir klar, dass dies kein paradiesischer Zustand sein kann. Deswegen habe ich zwei kleine Gewitterwolken gezeichnet. Aber mehr Gemeinsamkeit, Ruhe und Frieden wünsche ich mir schon.*

In seinem Wunschbild ist die trennende Distanz überwunden. Beruhigend finde ich, dass Paul realistisch bleibt. Er träumt nicht von einem unerfüllbar paradiesischen Zustand. Ihm ist bewusst, dass Konflikte auch in einer guten Beziehung vorkommen werden.

Sicher sind Sie neugierig zu erfahren, welchen Hintergrund Ella mit in die Beziehung bringt, wie sie die Beziehung erlebt und was sie sich wünscht. Betrachten wir ihre Bilder (Abb. 8.7–8.9).

Meine Eltern haben sich endlich getrennt

Abbildung 8.7: Ella: *So war es in meiner Kindheit*

Ella (beschreibt ihr Bild): *Auf dem Bild bin ich zwölf Jahre alt. Meine Eltern haben sich endlich getrennt. Mein Vater, links oben, ist jetzt weiter weg. Ich befinde mich wieder obenauf, über der Linie, bin frei und trage die Krone der Verantwortung für meine Schwester und die Familie. Unten sieht man meine Oma und meine Mutter, die haben mich früher getragen, obwohl es beiden nicht immer gut ging. Die Vögel stehen für Leichtigkeit und Freiheit.*

Für Ella ist die Zeit nach der Trennung der Eltern bedeutsam. Für das Verständnis ihrer Bindungserfahrungen ist es allerdings wichtig, einen Eindruck davon zu bekommen, wie sie die Jahre davor erlebt hat. Auf meine Nachfrage, was denn auf einem Bild der Zeit davor zu sehen wäre, beschreibt Ella ihre frühe Kindheit in wenigen Worten:

> *Da wäre viel Nebel und gleichzeitig eine anhaltende Spannung, die aber nie ausbricht. Es gab nie einen offenen Streit zwischen meinen Eltern, aber abwertende Gesten und Blicke. Mir wäre es lieber gewesen, sie hätten sich richtig gezofft. So war ich immer in einer lauernden Habachtstellung.*

Der letzte Satz ist wichtig, weil er die emotionale Anspannung beschreibt, die unterschwellig vorhanden war. Dadurch versteht man die Erleichterung nach der Trennung der Eltern besser. Zum Glück hatte sie in ihrer Mutter und in ihrer Oma zwei

Menschen, von denen sie sich hinreichend getragen fühlte. Das Thema „Tragen und getragen werden“ spielt auch in der Beziehung zu Paul eine Rolle.

Die Krone wackelt

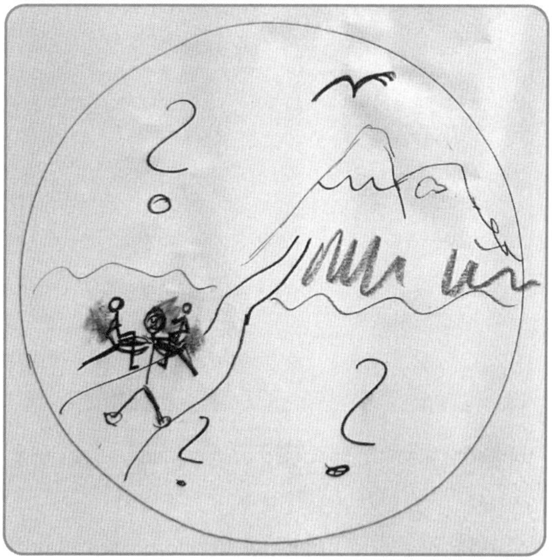

Abbildung 8.8: Ella: *So erlebe ich unsere Beziehung*

ELLA (beschreibt ihr Bild): *Ich befinde mich auf einem Weg. Meine Krone, die mein Selbstbewusstsein darstellt, wackelt. Ich bin ziemlich unsicher geworden. Mir kommt es vor, als würde ich die Kinder alleine tragen. Da ist noch ein steiler Weg vor uns, wir sind noch nicht über den Berg.*
Der Vogel steht für Leichtigkeit, schwebt aber in weiter Ferne. Noch ist es schwer und belastend. Die drei Fragezeichen zeigen, was mich bewegt: Wo ist mein Mann? Ist er für uns da? Ist er für mich da?

Ella ist überlastet und manchmal überfordert. Das hat ihren Selbstwert und ihr Selbstbewusstsein ins Wanken gebracht. Sie gibt viel und bekommt aus ihrer Sicht zu wenig Unterstützung und sie trägt viel Verantwortung. Möglicherweise schwingen die Überforderung und die Angst des Kindes in ihr mit, das vom Vater verlassen wurde. Sie ist sich nicht sicher, ob sie ihren Mann erreichen kann und er für sie da ist. Was wünscht sie sich?

Wir halten uns an den Händen

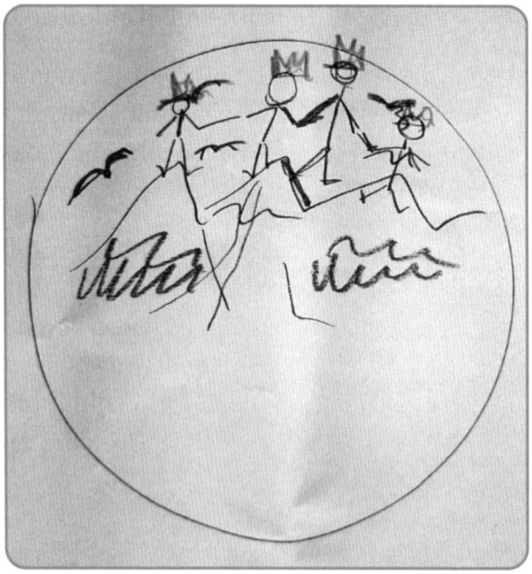

Abbildung 8.9: Ella: *So wünsche ich mir unsere Beziehung*

Ella (beschreibt ihr Bild): *Wir sind über den Berg oder auf dem Berg. Jeder hat einen eigenen Berg, auf dem er steht. Wir halten uns an den Händen, ich bin mit meinem Mann und den Kindern verbunden. Jetzt trägt jeder eine Krone, das bedeutet, jeder übernimmt Verantwortung. Das entlastet mich. Und: Wir sind wieder glücklich.*

Verständlicherweise strebt sie eine Art „Lastenausgleich" an. Als Kind musste sie zu früh Verantwortung übernehmen. Auch jetzt als Mutter ist sie es gewohnt, viel Verantwortung zu übernehmen, vermutlich zu viel! Die Verbundenheit in ihrem Ziel-Bild bringt zum Ausdruck: „Gemeinsam sind wir stark!" Doch was lösen die Bilder bei Paul aus?

Ich komme nicht vor – wir kommen nicht vor

Als Ella ihr Gegenwartsbild vorstellt und davon berichtet, wie sie die Beziehung aktuell erlebt, bekommt Paul Angst.

Paul: *Da komme ich ja gar nicht vor. Ich zähle wohl nicht.*

Durch die Schilderung seiner Kindheit, die er im ersten Bild beschrieben hat, kann man vermuten, dass ihm dieses Gefühl bekannt vorkommt. Darauf angesprochen sagt er:

Irgendwie schon. Da ist wieder diese Angst, allein und ratlos zu sein. Ich mag es zwar nicht zugeben, aber es ist wohl so. Ich bin traurig darüber, aber es macht mich auch wütend und kränkt mich.

Doch was genau meint er mit dieser Aussage?

PAUL: *Ich habe den Eindruck, dass meine Frau mit ihren Gedanken schon länger nicht bei mir ist. Seit Jahren fühle ich mich allein. Besonders nach der Geburt unserer zweiten Tochter.*

ELLA: *Ich bin auch traurig. Wir haben uns damals geschworen, als Eltern eine gewisse Exklusivität für uns als Paar beizubehalten. Dieses „Wir" haben wir verloren, wir sind wohl gescheitert.*

In diesem Moment tritt ein tiefes Schweigen ein. Beide betrauern einen gravierenden Verlust, das verbindet sie, obwohl sie zuvor über eine große emotionale Distanz gesprochen haben. Nach einer Weile ergreift Paul das Wort.

PAUL: *Für mich war eine Familie nie ein Ort des Wohlbefindens. Das Gefühl von Sicherheit kenne ich nicht. Wenn Ella weggeht und allein etwas unternimmt, frage ich mich jedes Mal, ob jetzt alles vorbei ist.*

Das ist eine schreckliche Erfahrung. In ihr spiegeln sich die Panik seiner Kindheit und die Furcht, alles zu verlieren. Wie tief diese Ängste gehen, verdeutlicht er:

Ich habe viel Schreckliches erlebt und hatte sogar eine Aversion, eine Familie zu gründen.

ELLA: *Ja, ich weiß. Aber jetzt haben wir eine Familie.*

Brücken in die Vergangenheit und die Zukunft

„Jetzt haben wir eine Familie!" Sie haben beide etwas Kostbares gefunden. Nun stellt sich die Frage, wie sie als Paar *jetzt* damit umgehen wollen, eine Beziehung zu führen.

Ihre Wunschvorstellungen ähneln sich. Beide wollen sich nicht alleingelassen und getrennt voneinander erleben, sondern miteinander verbunden sein. In Pauls Vision tauchen die Kinder nicht auf, obwohl er diese sehr liebt. Ich vermute, dass für ihn, der als Kind in ständiger Angst war und wenig Halt und Wertschätzung erlebte, die Suche nach einem emotionalen Halt stärker im Vordergrund steht. Macht sich seine Frau unabhängig von ihm und geht ihre eigenen Wege, werden die frühere Panik und die Angst, verlassen zu werden, wieder hervorgerufen. Dann ist er alarmiert und sucht verzweifelt einen Weg, wieder mit ihr verbunden zu sein.

Sich seiner Frau sexuell zu nähern ist für ihn eine gute Möglichkeit, diese Verbindung herzustellen. Verschließt sich seine Frau dieser Möglichkeit, wird er auf sich selbst zurückgeworfen und ist in den früheren Gefühlen von Hilflosigkeit, Alleinsein und Angst gefangen. Außerdem ist er gekränkt und wütend auf Ella und sich selbst, weil er in seinem Bemühen, eine Verbindung herzustellen, scheitert.

Ella ist es gewohnt, Verantwortung zu übernehmen. Früh hat sie gelernt, stark zu sein und dadurch ihren Selbstwert zu stabilisieren. Ist die Verbindung zu Paul unterbrochen, wird die damit einhergehende Überforderung deutlich. Jeder Konflikt mit ihm erinnert das Kind in ihr an die unterschwelligen Spannungen im Elternhaus. Sie ist ebenfalls hilflos und verängstigt. Zugleich wütend auf Paul und sich selbst. Ihr Selbstwert wackelt, denn sie möchte so gern schaffen, was die Eltern nicht hinbekommen haben. Ein gutes Paar zu sein und gute Eltern für die Kinder.

Es wird deutlich, dass die Schatten der Vergangenheit bis in die Gegenwart reichen. Paul hat die Beziehung zu seiner Mutter bereits vor Jahren abgebrochen, weil es ihm in ihrer Gegenwart jedes Mal schlecht ging.

PAUL: *Sie verströmt negative Energie und dreht sich nur um sich selbst. Sie ist egozentrisch und vereinnahmend. Das Gefühl, bei ihr nicht vorzukommen, hat sich bis heute gehalten. Ich will das nicht mehr.*

Ella hat den Kontakt zu ihrem Vater abgebrochen. In einer Erbauseinandersetzung habe er sich unmöglich verhalten, nur etwas haben wollen, ohne ihre Belange zu berücksichtigen.

ELLA: *Da waren keine Unterstützung und kein Wohlwollen. Ich habe mich nach wenigen Minuten schlecht gefühlt, fühlte mich nicht gesehen und auch nicht gewürdigt. Das will ich nicht mehr.*

Distanz zur Vergangenheit – Nähe zur Gegenwart

Für Ella und Paul wird spürbar, wie sehr die emotionale Erblast ihrer Ursprungsfamilien ihrem Wunsch nach größerer Nähe im Weg steht. Unmerklich haben sich in ihre Beziehung die Dramen der Vergangenheit eingeschlichen. Sie begegnen den Verletzungen, Ängsten und Sehnsüchten ihrer inneren Kinder wieder. Diese gilt es zu verstehen und zu trösten, um sich allmählich von der Vergangenheit distanzieren zu können.

Da sie als Mann und Frau wieder zueinanderfinden möchten, bitte ich sie darum, einander körpersprachlich zu zeigen, wie sie sich in ihrer Beziehung in diesem Moment fühlen und wie sie es sich wünschen. In einer Skulptur verdeutlichen sie den Ist- und den Sollzustand.

Paul empfindet die Beziehung im Moment so: Er stellt sich seiner Frau in Armeslänge gegenüber und sieht sie an. *Wir können uns sehen, aber da ist noch Abstand.*

Paul wünscht es sich so: Er geht auf Ella zu und umarmt sie. *Wir sind uns nah, können uns spüren.*

Ella erlebt die Beziehung aktuell so: Sie stellt sich ein Stück weit von Paul weg, leicht abgewandt. *Ich bin noch unsicher, wie viel Nähe schon wieder möglich ist.*

Ella wünscht es sich folgendermaßen: Sie lehnt sich mit dem Rücken an seine Brust und möchte umarmt werden. *So fühle ich mich unterstützt und geborgen.*

Reflexion

1. Wie würde ich meine aktuelle Beziehung nonverbal darstellen?
2. Welche Veränderung wünsche ich mir?
3. Was genau wäre dann anders?
4. Wie würde ich das körpersprachlich ausdrücken?

Indem wir darüber sprechen, wie wir unsere Beziehung erleben und wie wir sie uns wünschen, schaffen wir eine Grundlage für positive Veränderungen.

Sichtbarer werden

Ich erlebe Ella und Paul in diesem Augenblick als sehr stimmig und ehrlich. Sie im körperlichen Ausdruck ihrer Wünsche zu erleben wirkt harmonisch. Ich habe den Eindruck, dass sie sich als Paar noch viel zu geben haben. Sie haben eine erste Brücke gebaut und sich auf den Weg gemacht. Hatten sie sich zuvor heftig gestritten und anschließend in ihre Schneckenhäuser zurückgezogen, fangen sie nun an, füreinander wieder sichtbarer zu werden. Die neue Nähe schafft einen Raum, in dem die kritischen Themen mit etwas mehr Vertrauen angesprochen werden können.

Ella: *Ich habe Angst, dass Paul depressiv werden könnte wie sein Vater. Mir ist dieser Gedanke unheimlich, aber er ist da.*

Paul: *Die Angst habe ich mein Leben lang. Natürlich bin ich manchmal niedergeschlagen und verzweifelt, aber ich tue alles, damit es nie so kommt wie bei meinem Vater.*

Ella: *Ja, das spüre ich, wenn ich sehe, wie gut du mit unseren Kindern umgehst. Aber ich bin ja auch noch da. Ich gebe nur und bekomme nichts zurück. Das macht mir Sorgen, dann frage ich mich, ob ich weiter verhungern will oder gehen muss.*

Paul: *Wenn du so was sagst, verliere ich jede Hoffnung. Das frustriert mich. Mir fehlt die Zuwendung genauso.*

Ella: *Ich zeige dir doch durch kleine Gesten, dass ich dich mag. Streiche dir über den Rücken, kraule dir den Nacken. Es muss aber auch etwas von dir kommen, nicht nur die Einladung zum Sex.*

Das Gespräch über ihre Ängste bringt eine neue Qualität in ihre Beziehung. Sie schaffen es, sich zu öffnen. Es ist, als würden sie sich vorsichtig aneinander herantasten. Sie äußern behutsam ihre Wünsche und Bedürfnisse. Für ein Paar mit dieser Vorgeschichte ist es meist ein Risiko, konkret zu werden. Doch sie trauen sich:

Ella: *Eine Einladung zum Essen würde mir gefallen. Ich möchte spüren, dass du Interesse an mir als Frau hast und um mich wirbst.*

Paul: *Okay. Ich würde gern mit dir in der Küche knutschen.*

Bergtouren und Inselhopping

Der Weg ist angebahnt. Beide sind ganz zufrieden. Sie finden es aufregend, sich neu kennenzulernen, sind aber auch unsicher, ob es gelingt, nicht wieder in ihre alten Muster zurückzufallen.

Ella kann sich vorstellen, wieder mit ihrem Mann zu schlafen, was Paul beruhigt. Paul hat verstanden, dass er mehr auf die Gefühle seiner Frau achten sollte und Nähe nicht nur über körperliches Interesse herstellen kann. Ihm gefällt die Vorstellung, auf einem gemeinsamen Weg zu sein und an der Seite seiner Frau auf Bergtouren zu gehen. Ella ist bereit zum Inselhopping und zu gegenseitigen Besuchen auf der Insel des anderen. Sie wollen sich einen Familienhund anschaffen, damit die Bedürfnisse, zu kuscheln und Nähe zu spüren, auch anderweitig erfüllt werden können.

Wir verabschieden uns und einige Monate später erhalte ich eine E-Mail: „Wir haben verstanden, dass die Wiederbegegnung viel Aufmerksamkeit und Zeit benötigt, aber möglich ist. Es geht uns gut!"

9. Nähe und Distanz im Wandel der Zeiten

9.1 Großmutter erzählt

Warten und Spannung aushalten können

Meine Großmutter erzählte, wie sehr sie meinen Großvater vermisste, als dieser im Krieg war. Eines nachts ging sie vor die Tür und sah am Himmel einen Stern, der freundlich funkelte. „Da wusste ich, dass er noch lebt und wieder nach Hause kommt.“ So geschah es. Trotz der schwierigen Umstände und einer großen Distanz mit vielen Unwägbarkeiten fühlte sie sich ihm nah und mit ihm verbunden. Die stille Gewissheit seiner Heimkehr spendete ihr Trost und ließ sie warten.

Räumliche Distanz und zeitliche Nähe

Blickte meine Oma noch in den Sternenhimmel und dachte in Monaten und Jahren, werfen viele Partner heute einen ängstlichen und nervösen Blick auf ihr Display. Bereits kurz nachdem sie eine Nachricht gesendet haben, erwarten sie eine Antwort. Sie denken in Sekunden, Minuten und, wenn sie die Spannung einigermaßen aushalten können, in Stunden. Das Gefühl von Nähe und Verbundenheit muss möglichst schnell gestillt werden. Positiv betrachtet haben die Digital Natives gelernt, damit umzugehen. Sie sind flexibler geworden und haben ihr Repertoire erweitert. Allerdings sind sie durch die schnelle Suche nach Resonanz labiler und verletzlicher geworden.

Reflexion

1. Wie gut oder schlecht kann ich Distanz und Spannung aushalten?
2. Neige ich dazu, ungeduldig, panisch oder reizbar zu werden, wenn der Kontakt nicht schnell oder zeitnah erfolgt?
3. Falls ja, wie verhalte ich mich dann und wie reagiert mein Partner darauf?

Ich bleibe geduldig und fange an, mich zu entspannen, wenn eine Antwort noch auf sich warten lässt.

Wie viel Nähe darf es denn sein?

Auch in anderer Hinsicht gibt es gravierende Veränderungen. Meine Großeltern und Eltern lebten mit klaren Moralvorstellungen und Geboten. Sie waren froh, einander gefunden bzw. am Ende des Krieges wiedergefunden zu haben. Sie heirateten und gaben sich das Versprechen, zusammenzubleiben, bis das der Tod sie scheidet. So geschah es. Händchenhalten und ein Kuss in der Öffentlichkeit waren für sie tabu. Das gehörte sich nicht. Immerhin gab es das „Sie" in der Ehe, wie eine Generation vor ihnen, nicht mehr.

Ging es in meiner Generation darum, sich aus einem engen Moralkodex zu befreien und neue Beziehungs-, Liebes- und Wohnformen gegen teils große Widerstände auszuprobieren, ist diese Freiheit heute selbstverständlich. Damals gab es kaum eine Wahlfreiheit, heute sehr viel davon. Bestand damals die Herausforderung darin, Grenzen zu überwinden, scheint es heute gar nicht so leicht zu sein, sich *einzugrenzen*. Denn auf dem Markt der Partnersuche sowie der sexuellen Möglichkeiten gibt es kaum noch Tabus. Jede Spielart ist bekannt oder kann sekundenschnell im Internet gefunden werden.

Kollektive Normen sind oberflächlich betrachtet nicht mehr so erdrückend und schnell zu erkennen wie anno dazumal. Individuelle Vorstellungen treten in den Vordergrund. Doch die heutige Norm besteht vermutlich darin, für *alles* offen zu sein.

Für Paare ergeben sich daraus neue Erfordernisse. Die Beziehungsvorstellungen müssen miteinander abgeglichen werden. Es muss ausgelotet und verhandelt werden, was geht und was nicht geht. Das betrifft auch die Frage, wie viel Nähe man für sein Wohlbefinden benötigt. Und wie viel Distanz. Wie viel Freiraum in und außerhalb der Beziehung will man sich und dem Partner zugestehen? Es ist zu besprechen, wie exklusiv die Beziehung sein soll und wie nah andere Menschen dem Partner sein dürfen. Dazu im nächsten Kapitel einige Beispiele.

9.2 Nähe und Distanz in modernen Beziehungsarrangements

Ist das für uns lebbar?

Die Regulation von Nähe und Distanz ist schon in der exklusiven Zweierbeziehung eine anspruchsvolle Aufgabe. Wird die Exklusivität infrage gestellt oder bewusst durch das Einbeziehen Dritter oder mehrerer Personen erweitert, sind sorgfältige Absprachen erforderlich. Schließlich möchten sich alle Beteiligten in dem gewählten Beziehungsarrangement wohlfühlen.

In diesem Kapitel kommen exemplarisch vier Paare zu Wort, die um die richtige Balance von Nähe und Distanz in ihren individuellen Beziehungsarrangements ringen. Sie schildern die Vorteile und verschweigen auch die Schwierigkeiten nicht.

Wir laden andere Männer in unsere Beziehung ein

Dieter und Hartmut sind seit zehn Jahren zusammen und seit sieben Jahren verheiratet. Bevor sie ein Paar wurden, hatten beide häufig wechselnde Partner und One-Night-Stands. Sie genießen die Ruhe, die seit ihrer Hochzeit in die Beziehung eingekehrt ist.

DIETER: *Ich bin tiefenentspannter geworden und muss nicht mehr permanent auf der Jagd nach einem Abenteuer sein. Wir haben uns und das ist gut so!*

HARTMUT: *Das stimmt. Allerdings brauchen wir dennoch Abwechslung, wenn auch keine sexuelle. Andere Körper zu spüren und Männer für eine Weile in unsere Beziehung einzuladen gefällt uns.*

DIETER: *Wir gehen offen damit um. Es müssen Männer sein, zu denen wir beide ein gutes Gefühl haben. Wir sagen den Betreffenden, dass wir ein Paar sind und bleiben werden.*

HARTMUT: *Wenn es für alle stimmig ist, unternehmen wir zu dritt etwas oder verbringen Nächte zusammen in unserem Bett. Das kann eine erotische Dimension annehmen, muss es aber nicht. Streicheln ist okay, Küssen auch, aber nicht mehr.*

DIETER: *Wir wollen keinen flotten Dreier. Wenn ein Mann mit dieser Absprache nicht klarkommt, ziehen wir uns zurück. Der andere Mann sollte unsere Nähe ebenfalls genießen, so, wie wir es tun.*

HARTMUT: *Geben und Nehmen wird dann vielfältiger. Wir werden durch die Nähe, Gespräche und die gemeinsam verbrachte Zeit bereichert.*

Dieter und Hartmut bemühen sich sehr bewusst um eine feine Balance von Nähe und Distanz. Die Nähe-Formel wirkt in ihrem Fall nicht nur in die Zweierbeziehung hinein, sondern auch in die zeitweise gewünschte Dreierbeziehung. Allerdings gelingt es nicht immer, dieses Arrangement schmerzfrei zu gestalten.

DIETER: *Im letzten Jahr hat sich ein Mann in mich verliebt, mit dem wir zusammen in den Urlaub gefahren sind. Das war äußerst schwierig für uns alle.*

HARTMUT: *Ich war eifersüchtig und für unseren Begleiter war die Zurückweisung durch Dieter kränkend.*

DIETER: *Ich habe das sehr zwiespältig empfunden. Einerseits hat es mir geschmeichelt, anderseits wusste ich, wen ich wirklich liebe.*

HARTMUT: *Zuerst war ich verunsichert und bekam Angst. Doch zum Glück hat Dieter sich eindeutig positioniert. Das hat wieder Ruhe reingebracht.*

DIETER: *Für mich war deine Eifersucht am Anfang unverständlich. Aber mit etwas Abstand betrachtet, kann ich sie als Kompliment verstehen. Ich habe gespürt, dass ich dir wirklich etwas bedeute und wir zusammengehören.*

Die Beziehung der beiden hat sich nach einer Phase der Irritation und Distanzierung wieder stabilisiert. Sie konnten sich trotz der verwirrenden Gefühle innerlich nah bleiben und weiterhin verbunden fühlen. An ihrem Beispiel wird deutlich, dass sich Gefühle auch durch deutlich formulierte „Spielregeln" nicht wirklich kontrollieren lassen. Unser Bindungssystem reagiert sofort auf Verunsicherungen, wenn emotionale Verwirrung entsteht. Nähe und Distanz müssen dann wieder ins Lot gebracht werden.

Er darf zu Prostituierten gehen

Zina und Timo sind seit acht Jahren zusammen. Vor drei Jahren haben sie geheiratet. Vor einem Jahr wurde ihre Tochter geboren. Ihre Sexualität erleben beide unbefriedigend. Zina hat wenig Interesse und empfindet den Geschlechtsverkehr meist schmerzhaft. Timo ist frustriert.

TIMO: *Mir ist das eindeutig zu wenig. Ich habe nun mal einen starken Trieb.*

ZINA: *Es stimmt. Mein Verlangen ist deutlich geringer als seines. Seine Libido ist sehr groß. Am Anfang unserer Beziehung habe ich ihm zuliebe mitgemacht, hatte dann aber sehr oft Blasenentzündungen.*

TIMO: *Ich habe ein schlechtes Gewissen und schäme mich dafür, dass Zina ungewollt leidet, wenn wir zusammen schlafen.*

ZINA: *Wir haben lange Diskussionen darüber geführt, wie wir dieses Problem lösen können. Ich konnte mich ja nicht dazu zwingen, etwas zu tun, was mir schadet. Allerdings wollte ich Timo nicht einschränken, das wäre mir unfair vorgekommen. Wir haben dann vereinbart, dass Timo zu Prostituierten gehen darf.*

TIMO: *Für mich war das eine Lösung, mit der ich eine Weile gut leben konnte. Wir haben auch über eine offene Beziehung nachgedacht. Kurz vor unserer Hochzeit ist Zina einem anderen Mann emotional nähergekommen. Das hat mir zugesetzt. Aber ich wollte nicht unfair sein. Schließlich durfte ich etwas mit anderen Frauen haben, auch wenn ich dafür bezahlt habe. Es hat mich trotzdem gekränkt. Zina hat die Beziehung dann beendet.*

Als Zina schwanger wird, erfährt sie, dass es nicht bei bezahlten Liebesdiensten geblieben ist. Timo hat mit einer Freundin eine Affäre begonnen, die er ihr kurz vor der Geburt offenbart.

ZINA: *Mitten im Nestbautrieb mit einer anderen betrogen zu werden war traumatisch. Ich fühlte mich abgrundtief einsam, verunsichert und im Stich gelassen.*

Zina ist erschüttert und erlebt sich schutzlos und ausgeliefert. Sie hat Angst, sich trennen zu müssen, so, wie ihre Eltern es getan haben. Verständlicherweise sehnt sie sich nach Harmonie, schließlich haben sie gerade erst eine Familie gegründet. In ihr schwelt ein großer Konflikt.

ZINA: *Ich denke sofort, ich muss mich unterwerfen, anpassen und keinen Ärger machen, sonst funktioniert die Beziehung nicht. Aber mein Ärger und meine Verletzung sind einfach zu groß.*

Ihre Wut und Verzweiflung bringt sie Timo gegenüber zum Ausdruck, der damit nicht umgehen kann. Er ist es aus seiner Familie gewohnt, alle Probleme sachlich zu besprechen.

TIMO: *Ich bin der rationale Typ. Mich überfordert es, Gefühlen ausgesetzt zu sein. Ich versuche, meine eigenen Emotionen sachlich zu analysieren. Das bringt Zina auf die Palme. Sie fordert mehr Empathie und Verständnis von mir, aber meine nüchterne Art macht es nur schlimmer.*

Das Beziehungsarrangement von Zina und Timo ist zusammengebrochen. Jetzt kommen bislang übergangene Themen an die Oberfläche. Die Billigung von Außenbeziehungen und die Erlaubnis, Prostituierte aufzusuchen, waren eine vorübergehende Scheinlösung. Jetzt geht es um Intimität und die Überwindungen der gravierenden Bindungsverletzungen. Wollen sie als Paar zusammenbleiben und ihre Elternrolle zum Wohle ihrer Tochter gut ausfüllen, bleibt ihnen die Auseinandersetzung mit ihren Ängsten, Kränkungen, Scham- und Schuldgefühlen und der unterschiedlichen Art, mit Gefühlen umzugehen, nicht erspart.

Nähe zu vielen

Charlotte und Marko sind seit 14 Jahren zusammen. Vor vier Jahren sind sie zusammengezogen. Vor einem Jahr sind sie Eltern geworden. Am Anfang der Beziehung war Charlotte vom freizügigen Liebesleben Markos fasziniert. Sie blicken zurück.

CHARLOTTE: *Ich bin sehr konservativ aufgewachsen und hatte enge Moralvorstellungen. Ich war extrem verklemmt. In der Sexualität kannte ich vieles nur aus der Theorie.*

MARKO: *Ich bin gern gereist und habe viel ausprobiert. In meinem Freundeskreis bin ich mit Polyamorie in Kontakt gekommen und fand diesen Ansatz interessant.*

CHARLOTTE: *Ohne es wirklich besprochen zu haben, haben wir eine Zeit lang eine offene Beziehung geführt.*

MARKO: *Ich habe mich über deine Offenheit gefreut und fand es schön, mit dir zusammen zu reisen und die Welt zu erkunden.*

CHARLOTTE: *Ich fand Markos Freigeistigkeit toll, auch wenn sie mir Angst gemacht hat. Aber ich wollte aus dem Gefängnis meiner einengenden Vorstellungen ausbrechen. Die Reisen und der Sex mit Marko waren toll. Allerdings konnte ich mich nie wirklich auf andere Partner einlassen. Für einen kurzen Moment habe ich Nähe zulassen können, doch innerlich bin ich bei anderen auf Distanz geblieben.*

MARKO: *Aber als du mir gesagt hast, dass du wahrscheinlich vieles nur mir zuliebe gemacht hast, war ich doch enttäuscht. Ich habe wirklich gedacht, es macht dir Spaß.*

CHARLOTTE: *Teilweise stimmte das auch. Aber irgendwann sind mir Zweifel gekommen. Ich hatte das Gefühl, mich zu sehr zu verbiegen. Am schönsten waren für mich die Sonntage in unserer „goldenen" Anfangszeit. Da haben wir uns morgens stundenlang gestreichelt und liebkost. Da habe ich eine große Nähe empfunden.*

MARKO: *Das habe ich genauso erlebt. Erst als du den Kinderwunsch geäußert hast, wurde es komplizierter. Ich sollte alle Kontakte zu meinen Poly-Freunden abbrechen. Das war schwierig für mich.*

CHARLOTTE: *Ja, für mich auch! Du wolltest dir alle Optionen offenhalten und dich nicht wirklich binden. Ich hatte ständig Angst, betrogen zu werden. Und wusste nicht, ob du dich wirklich auf uns als künftige Familie einlassen kannst, weil deine hedonistischen Freunde das alles spießig finden. Da bin ich innerlich erst mal auf Distanz gegangen.*

MARKO: *Ich war in einem großen Zwiespalt. Es war so, als hättest du mir die Pistole auf die Brust gesetzt.*

CHARLOTTE: *Spätestens als ich schwanger wurde, fand ich polyamourös zu sein nicht mehr witzig. Erst als du dich klar für mich positioniert hast, wurde es besser.*

Charlotte und Marko haben einander am Anfang ihrer Beziehung bereichert. Marko war auf seinen Reisen nicht mehr allein und Charlotte konnte sich und ihren Körper in der Sexualität mit Marko neu erleben. Der Konflikt zwischen individueller Freiheit und verbindlicher Zweisamkeit trat zunächst in den Hintergrund. Die Neugier auf neue Facetten in der Sexualität und alternative Beziehungsformen überwogen bei Charlotte. Marko war zufrieden, schließlich musste er von seinem bisherigen Lebensstil kaum etwas aufgeben.

Erst als der Wunsch nach einer Familie aufkeimte, wurde das offene Beziehungskonzept zum Problem. Marko fühlte sich erpresst und Charlotte war verunsichert. Charlotte suchte eine sichere Bindung, Marko blieb lange ambivalent. Beide mussten sich ihrer Verlustangst stellen. Marko fürchtete, seinen freizügigen Lebensstil zu verlieren. Sein Dilemma bestand darin, Charlotte zu mögen und bei ihr bleiben zu wollen, dafür aber einen wichtigen Teil seiner Eigenständigkeit aufgeben zu sollen.

Charlotte hatte Angst, Marko zu verlieren. Auch sie befand sich in einem Dilemma. Ihr Wunsch nach verbindlicher Nähe und Exklusivität könnte dazu führen, dass Marko sich abwendet und sie mit ihrem Kinderwunsch allein lässt. Nach langem Ringen gründeten sie eine Familie. Beide haben ihre Wohnung behalten. Marko lebt phasenweise bei Charlotte. Die Auseinandersetzung über das richtige Maß von Nähe und Distanz begleitet sie bis heute.

Ein Dreier hat mir gereicht

Irma und Christoph haben sich vor acht Jahren kennengelernt. Beide waren vorher bereits verheiratet und bringen jeweils einen Sohn mit in die neue Beziehung. Sie verstehen sich gut und sind froh, sich gefunden zu haben.

IRMA: *Ich war eine ganze Weile Single. Die Beziehung zu meinem Ex war angespannt. Zum Glück kann ich mit Christoph über alles sprechen. Da er auch eine Trennung hinter sich hat, versteht er schnell, was ich meine.*

CHRISTOPH: *Unsere Kinder verstehen sich nach einer Zeit des Abtastens mittlerweile gut, was uns beide entlastet. Und Irma ist angenehm locker und tolerant.*

IRMA: *Christoph experimentiert gern, auch in der Sexualität. Aus meiner letzten Beziehung kannte ich das nicht. Wir können vieles ausprobieren. Da hat sich eine neue Welt für mich aufgetan.*

CHRISTOPH: *Das ist wirklich schön und ein Geschenk für mich.*

IRMA: *Allerdings gibt es Grenzen. Christoph wollte einen Dreier ausprobieren. Ich habe erst gezögert, doch ich war neugierig und habe es ausprobieren wollen. Dann haben wir eine Freundin gefragt, die Interesse hatte und die ich mag. Es war ungewohnt und ganz in Ordnung, mehr aber auch nicht. Danach habe ich gemerkt, dass ich die Zweisamkeit bevorzuge. Ich fühle mich Christoph dann einfach näher. Ein Dreier hat mir gereicht!*

Die Beispiele geben einen kleinen Einblick in die Vielfalt möglicher Beziehungsformen. Sie verdeutlichen, dass die Balance von Nähe und Distanz ein dynamischer Prozess ist. Und dass unser Bindungssystem, welches Stabilität und Sicherheit sucht, immer zu berücksichtigen ist.

Reflexion

1. Wie viel Exklusivität benötige ich, um mich in einer Beziehung wohlzufühlen?
2. Gibt es Grenzen, die für mich nicht verhandelbar sind?
3. In welchen Beziehungsbereichen kann ich tolerant sein?

Indem ich zu meinen Grenzen und Wünschen stehe, bleibe ich innerlich stabil und festige den Boden unserer Beziehung.

10. Was Nähe fördert – wie Sie Nähe und Vertrauen aufbauen können

Es gibt viele Wege, mit denen Sie Nähe und Vertrauen in Ihrer Beziehung pflegen und fördern können. Dinge, die sie tun oder auch lassen können. „Ich schuf eine Vision von David in meinem Kopf und schlug einfach alles weg, was nicht David war. Alles, was du tun musst, ist, den überschüssigen Stein zu entfernen." In Anlehnung an dieses berühmte Zitat von Michelangelo könnte man sagen: Lassen Sie einfach alles weg, was zur Distanzierung beiträgt! Alles, was den Partner verletzt, angreift und in die Flucht treibt. Welche Verhaltensweisen das sind, haben Sie bereits im *Kapitel über die schwierige Distanz* kennengelernt.

Da es für unser Gehirn leichter umzusetzen ist, wenn das gewünschte Verhalten keine Negationen erhält, sondern positiv formuliert ist, habe ich die wesentlichen Aspekte konstruktiv beschrieben und zusammengestellt. Zur besseren Übersicht habe ich sie in vier Bereiche gegliedert. Dadurch bekommen Sie eine Orientierung an die Hand, worauf Sie achten und woran Sie als Paar arbeiten können.

Fokus beim Du

- Interessiertes Zuhören
- Offene und wohlwollende Fragen: *Wie meinst du das? Wie ist das für dich?*
- Zusammenfassen, was man verstanden hat: *Habe ich richtig verstanden, dass …*
- Nicht interpretieren, sondern nachfragen, wenn etwas nicht verstanden wurde: *Meinst du damit, dass …?*
- Auf etwas zurückkommen, was dem Partner wichtig ist: *Du hattest eine Frage an mich, die ich noch nicht beantwortet habe. Ich habe darüber nachgedacht und …*
- Zugewandte Körpersprache und Blickkontakt
- Signale des Wohlwollens und Verstehens: *Ich verstehe, dass das nicht leicht war und du …*
- Schweigen erlauben, um auf eine Antwort zu warten, wenn der Partner länger braucht

Fokus beim Ich

- Von sich sprechen, Gefühle und Gedanken mitteilen: *Ich bin besorgt, weil …*
- Ich-Bezug herstellen, erläutern, warum etwas wichtig ist: *Mir ist das wichtig, weil …*

- Sagen, welche Bedeutung etwas für einen hat: *Das gibt mir Selbstvertrauen …*
- Konkret sein: *In dieser Situation habe ich mich alleingelassen gefühlt …*
- Eigene Schwächen, Fehler und Ängste zugestehen: *Es stimmt, ich war ungerecht und habe dich unfair behandelt. Das tut mir leid.*

Fokus Probleme verstehen und lösen

- Zuhören und nachfragen, bis man das Problem wirklich verstanden hat: *Geht es dir um das Geld oder etwas anderes?*
- Verständnis ausdrücken: *Das kenne ich auch.*
- Gemeinsam analysieren: *Ich denke, es ist so – wie schätzt du das ein?*
- Hilfe und Unterstützung anbieten, wenn möglich und gewünscht: *Ich würde dich gern unterstützen. Möchtest du das? Wie kann ich das tun?*
- Entlastung anbieten: *Ich übernehme am Wochenende den Hausputz und koche für uns.*
- Wertschätzung ausdrücken: *Ich finde es richtig gut, wie du das hinbekommen hast. Das war toll! Du kannst das einfach richtig gut.*
- Ermutigen, an den Partner glauben: *Das schaffst du!*
- Sich solidarisieren: *Ich bin an deiner Seite. Wir schaffen das!*

Fokus beim Bindungsmuster

- Das Muster in Worte fassen: *Immer, wenn wir uns nah gekommen sind, streiten wir uns danach.*
- Die Geschichte des Musters verstehen wollen: *Wie kommt es, dass du immer dann, wenn es dir schlecht geht, so abweisend bist?*
- Untersuchen, welche Angst dadurch gemildert werden soll: *Befürchtest du etwas?*
- Versuchen, den Schmerz und den Mangel zu erfassen: *Was ist es denn genau, was dir fehlt / dich verletzt?*
- Erkunden, welche Sehnsucht sich darin verbirgt: *Wonach sehnst du dich?*
- Sich nach den Bedürfnissen und Wünschen erkundigen: *Und was wünscht du dir? Was brauchst du?*
- Verstehen wollen, warum diese wichtig sind: *Wozu brauchst du denn mehr Abstand?*
- Darüber nachdenken, wie man Ängste abbauen kann: *Würde es dir helfen, wenn?*
- Literatur dazu lesen oder Podcasts hören: *Esther Perel, Stefanie Stahl u. a.*
- Verstehen, dass ein Miteinander wichtig ist: *Lass es uns zusammen versuchen. Dann geht es leichter. Wir schaffen das!*

10.1 Zeit für Begegnung und ein offenes Gespräch

Nähe durch Wohlwollen pflegen

Ein Ritual des Zuhörens kann wertvolle Dienste leisten, um Nähe zu pflegen oder wiederaufzubauen. Es geht ausdrücklich nicht darum, eine Übung zu lernen, sondern eine wohlwollende *Haltung* einzunehmen, die Ihnen eine neue Erfahrung ermöglicht. Die folgenden Spielregeln sind angelehnt an das Zwiegespräch von Lukas Moeller.

Ritual: Zuhören und gehört werden

Sie sollten bereit sein, Ihrem Partner interessiert zuzuhören. Jeder bekommt 15 Minuten Zeit, um ungestört von seinen Empfindungen und Gedanken zu sprechen. Die Themen kann jeder selbst auswählen. Sie können sich um die Beziehung drehen, dürfen aber auch andere Angelegenheiten aufgreifen. Kommentare, Einwände und Reaktionen, wie sie normalerweise in einem Alltagsgespräch üblich sind, bleiben außen vor. Hören Sie aufmerksam zu. Eine Verständnisfrage ist in dieser Zeit erlaubt.

Der Charakter des Gesprächs ist ein Monolog über Dinge, die Sie aktuell beschäftigen. Die Grundhaltung des Zuhörenden sollte von dem Wunsch getragen sein, nachzuvollziehen, was den Partner bewegt. Es geht ausdrücklich nicht darum, mit allem einverstanden zu sein.

Nach 15 Minuten wird gewechselt. Ein Dialog oder Austausch über das Gehörte findet nicht statt. Ist das Ritual beendet, werden die Themen im Alltag nicht weiter besprochen. Vereinbaren Sie stattdessen den Zeitpunkt des nächsten Termins. Pflegen Sie den Raum des Verstehens in regelmäßigen Abständen (Abb. 10.1).

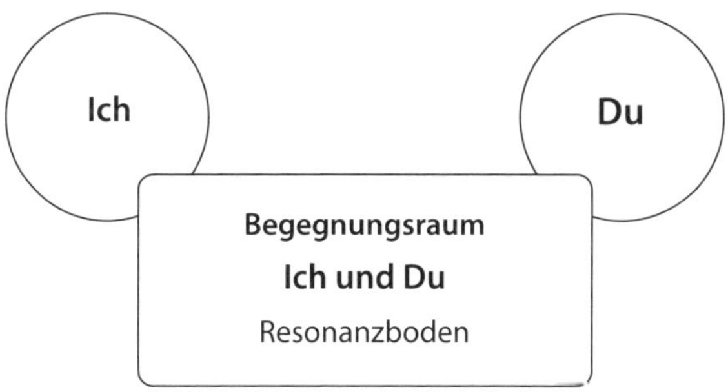

Abbildung 10.1: Raum für Begegnung und das Wir

10.2 Eine Ethik der Fürsorge für die Beziehung

Ich möchte wirklich wissen, was du denkst und wovon du träumst

In all den Jahren, in denen ich Paare begleite, hat sich bei mir der Eindruck verfestigt, dass es letztlich nicht Techniken sind, die eine Beziehung verbessern oder Nähe herstellen. Sie sind fraglos hilfreich und unterstützend, doch ohne eine wohlwollende *Haltung* der Beziehung und dem Partner gegenüber verpuffen sie wirkungslos. Oder sie werden instrumentalisiert, um eigene Interessen durchzusetzen.

Eine gute Selbstfürsorge und ein gesunder Egoismus sollten in einer Beziehung Platz haben. Sie sind wichtig, weil sie unseren Selbstwert stabilisieren und dafür sorgen, dass elementare Bedürfnisse nicht zu kurz kommen. Allerdings sollte die Sorge auch dem Wohlergehen des Partners und der Pflege der Beziehung gelten. Einer Beziehung bekommt es nicht gut, wenn beide nur etwas haben und nichts geben wollen.

Aufrichtiges Interesse

„Was Paare nicht überwinden können, ist Gleichgültigkeit." Das sagt Julie Gottman (Kluin & Roß 2022), die gemeinsam mit ihrem Mann John seit über 45 Jahren Paare beforscht. Beide betonen, wie wichtig es für eine Beziehung ist, sich Aufmerksamkeit zu schenken. Selbst als betagtes und vielbeschäftigtes Ehepaar halten sie an einem gemeinsamen Ritual fest. John Gottman: „Einmal in der Woche gehen wir in ein Café in der Nähe und reden nur über Persönliches."

Nähe und Vertrauen entstehen, wenn man aufrichtiges Interesse und Wertschätzung spürt. Auf dieser Grundlage könnte sich eine Ethik der Fürsorge für die Beziehung an folgenden Tugenden orientieren:

- Respekt und Achtung vor den Unterschieden
- Taktgefühl und Rücksichtnahme
- Demut, dem Partner seine Würde lassen
- Durchlässig sein in der Begegnung und im Kontakt
- Sich austauschen und mitteilen
- Einen Resonanzraum pflegen, erhalten und schützen
- Einander wohlwollend spiegeln
- Kommunizieren mit Mitgefühl und mit Gefühl
- Sich kümmern und praktische Hilfe anbieten
- Kleine Gesten und Geschenke
- Geschenke annehmen und würdigen
- Gemeinsam meditieren, Yoga machen …
- Auf etwas für den anderen verzichten
- Versöhnungsrituale

Reflexion

1. Gehen wir achtsam und respektvoll mit unseren Unterschieden um?
2. Tauschen wir uns regelmäßig und mit Mitgefühl über das aus, was uns allein oder im Zusammensein bewegt?
3. Signalisieren wir uns durch kleine Gesten, Geschenke oder Aktivitäten, dass wir uns mögen und wichtig sind?

Indem wir uns achtsam austauschen und respektvoll begegnen, fördern wir die Zufriedenheit mit unserer Beziehung.

11. Die Nähe-Formel und die Stachelschweine

Nicht zu wenig, nicht zu viel, genau richtig

Die folgende Parabel „Stachelschweine" wurde 1851 von Arthur Schopenhauer veröffentlicht. Sie bringt das Prinzip der Nähe-Formel sehr bildhaft auf den Punkt.

An einem kalten Tag entwickelt eine Gruppe Stachelschweine ein allen gemeines Wärmebedürfnis. Um es zu befriedigen, suchen sie die gegenseitige Nähe. Doch je näher sie aneinanderrücken, desto stärker schmerzen die Stacheln der Nachbarn. Da aber das Auseinanderrücken wieder mit Frieren verbunden ist, verändern sie ihren Abstand, bis sie die erträglichste Entfernung gefunden haben. (Wikipedia)

Die Stachelschweine repräsentierten für Schopenhauer die Menschen. Obwohl der Philosoph diese kleine Geschichte auf das soziale Spannungsfeld eines gesellschaftlichen Miteinanders bezog, behandelt sie unmittelbar die Regulation von Nähe und Distanz.

Auch in einer Beziehung wollen wir nicht verletzt werden. Wir möchten uns sicher, behaglich und geschützt fühlen, ohne dass es bedrohlich wird und wir uns unwohl fühlen. Wir suchen nach einem „gesunden Abstand" und der „gesunden Nähe". Beginnen wir zu frieren oder fühlen wir uns allein, suchen wir die kuschelige Nähe. Wird es uns dort zu heiß oder gefährlich, ziehen wir uns wieder zurück. Ein fortwährender Balanceakt, bis das Gleichgewicht wiederhergestellt ist. Die Nähe-Formel lässt sich analog zu Schopenhauers Parabel variieren und ergänzen.

> Genug Nähe, um nicht zu frieren und mit dir verbunden zu sein.
>
> Genug Distanz, um mich selbst nicht zu verlieren oder verletzt zu werden.

Denken Sie daran, die Balance von Nähe und Distanz ist ein *work in progress.* Das bedeutet manchmal etwas Arbeit und erfordert Klarheit. Doch die Mühe lohnt sich. Sie werden mit Ihrer Beziehung zufriedener sein!

Aloha

Die Hawaiianer verwenden zur Begrüßung und zum Abschied das sanfte und zugleich kraftvolle Wort *Aloha*. Je nach Kontext bedeutet es:

Atem der Gegenwart. Hallo und Auf Wiedersehen.

Mit Liebe, Zuneigung und Mitgefühl.

Das alles wünsche ich Ihnen!

Literatur

Alberti, Bettina (2005): *Die Seele fühlt von Anfang an: Wie pränatale Erfahrungen unsere Beziehungsfähigkeit prägen.* München: Kösel.

Altmeyer, Martin (2016): *Auf der Suche nach Resonanz – Wie sich das Seelenleben in der digitalen Moderne verändert.* Göttingen: Vandenhoek & Ruprecht.

Baer, Udo & Frick-Baer, Gabriele (2004): *Klingen, um in sich zu wohnen.* Neukirchen-Vluyn: Affenkönig.

Birnbaum, Anke & Bodenmann, Guy (2017): *Verhaltenstherapie mit Paaren.* Seminarunterlagen, Hamburg.

Blaser, Klaus (2020): *Sag Ja zum Nein sagen: Das Trainingsprogramm zur Stärkung der eigenen Grenze.* Stuttgart: Klett-Cotta.

Bodenmann, Guy (2021): *Mit ganzem Herzen lieben: Commitment – Wie Ihre Beziehung langfristig glücklich bleibt.* Ostfildern: Patmos.

Bowlby, John (2021): *Frühe Bindung und kindliche Entwicklung.* München: Ernst Reinhardt Verlag.

Brisch, Karl Heinz (2009): *Bindungsstörungen – Von der Bindungstheorie zur Therapie.* Stuttgart: Klett-Cotta.

Brisch, Karl Heinz (2014): *Säuglings- und Kleinkindalter, Bindungspsychotherapie – Bindungsbasierte Beratung und Therapie.* Stuttgart: Klett-Cotta.

Buber, Martin (1984): *Das dialogische Prinzip.* Heidelberg: Lambert Schneider.

Chapman, Gary (2019): *Die 5 Sprachen der Liebe: Wie Kommunikation in der Partnerschaft gelingt.* Marburg: Francke Buch.

Clement, Ulrich (2004): *Systemische Sexualtherapie.* Stuttgart: Klett-Cotta.

Clement, Ulrich (2015): *Guter Sex trotz Liebe: Wege aus der verkehrsberuhigten Zone.* Berlin: Ullstein.

Donner, Susanne (2021): „Sich wieder nah sein." *Psychologie Heute* 08/2021.

Gottman, John M. (2005): *Die sieben Geheimnisse der glücklichen Ehe.* München: Ullstein.

Gottman, John & Gottman Schwartz, Julie (2022): *8 Gespräche, die jedes Paar führen sollte … damit die Liebe lebendig bleibt.* München: Ullstein.

Grossmann, Klaus E. & Grossmann, Karin (Hrsg.) (2015): *Bindung und menschliche Entwicklung, John Bowlby, Mary Ainsworth, John Bowlby und die Grundlagen der Bindungstheorie.* Stuttgart: Klett-Cotta.

Howe, David (2015): *Bindung über die Lebensspanne – Grundlagen und Konzepte der Bindungstheorie.* Paderborn: Junfermann.

Illouz, Eva (2018): *Wa(h)re Gefühle: Authentizität im Konsumkapitalismus.* Berlin: Suhrkamp.

Janus, Ludwig (2011): *Wie die Seele entsteht: Unser psychisches Leben vor, während und nach der Geburt.* Heidelberg: Mattes.

Jellouscheck, Hans (2005): *Die Paartherapie.* Freiburg im Breisgau: Kreuz.

Johnson, Sue (2011): *Halt mich fest – Sieben Gespräche zu einem von Liebe erfüllten Leben.* Paderborn: Junfermann.

Johnson, Sue (2021): *Praxis der Emotionsfokussierten Paartherapie: Verbindungen herstellen.* Paderborn: Junfermann.

Kallos-Lilly, Veronica & Fitzgerald, Jennifer (2016): *Wir beide – Das Arbeitsbuch zur emotionsfokussierten Paartherapie.* Paderborn: Junfermann.

Kelemann, Stanley (1990): *Körperlicher Dialog in der therapeutischen Beziehung.* München: Kösel.

Kelemann, Stanley (1992): *Verkörperte Gefühle.* München: Kösel.

Kluin, Katharina & Ross, Hannes (2022): „Diese zwei Paartherapeuten verraten Ihnen, wie Sie auch nach 35 Jahren noch eine glückliche Ehe führen." Interview mit Julie und John Gottman. *Stern* Nr.14 vom 31.3.2022.

Lacroix, Alexandre (2013): *Kleiner Versuch über das Küssen*. Berlin: Matthes & Seitz.

Langosch, Nele (2022): „Schlaf gut, Schatz." *Psychologie Heute* vom 4.2.2022. Einzusehen unter ↗ https://www.psychologie-heute.de/beziehung/artikel-detailansicht/41753-schlaf-gut-schatz.html (letzter Aufruf 8.11.2022).

Mary, Michael (2009): *Fünf Lügen, die Liebe betreffend*. Lüttow: Nordholt.

Mary, Michael (2015): *Fünf Wege, die Liebe zu leben: Formen der Paarsexualität*. Lüttow: Nordholt.

Newsom, Rob & DeBanto, John (2022): Aging and Sleep. *Sleep Foundation*. Einzusehen unter: ↗ https://www.sleepfoundation.org/aging-and-sleep (letzter Aufruf am 8.11.2022).

Nuber, Ursula (2007): *Was Paare wissen müssen: 10 Grundregeln für das Leben zu zweit*. Frankfurt a. M.: Fischer TB.

Nuber, Ursula (2020): *Der Bindungseffekt: Wie frühe Erfahrungen unser Beziehungsglück beeinflussen und wie wir damit umgehen können*. München: Piper.

Prünte, Thomas (2009): *Das Gefühlsklavier: Vom stimmigen Umgang mit unseren Emotionen*. Tübingen: dgvt (als Hörbuch 2010 im Hörgut-Verlag erschienen).

Prünte, Thomas (2010): *Vom Sinn schlechter Laune: Warum es gut tut, sich schlecht zu fühlen*. Zürich: Orell Füssli.

Prünte, Thomas (2015): *Das fokussierte Selbst: Zielorientiert arbeiten in Therapie und Beratung*. Stuttgart: Klett-Cotta.

Prünte, Thomas (2020): *Die Krisenbewältigungskiste – 54 Karten, die Mut machen*. Stuttgart: Klett-Cotta.

Prünte, Thomas (2021): *Du bist mein Heimathafen: Kurs halten für Paare*. Paderborn: Junfermann.

Prünte, Thomas & Vogler, Jan-Rüdiger (2012): *Eier zeigen: Männliche Stärken in der Partnerschaft*. Hamburg: 35°Verlag, Kindle E-Book.

Riemann, Fritz (1990): *Grundformen der Angst: eine tiefenpsychologische Studie*. München: Ernst Reinhardt.

Roediger, Eckhard, Behary, Wendy T. & Zarbock, Gerhard (2013): *Passt doch! Paarkonflikte verstehen und lösen mit der Schematherapie*. Weinheim: Beltz.

Rogers, Carl (1983): *Die klientenzentrierte Gesprächspsychotherapie*. Frankfurt a. M.: Fischer TB.

Rogers, Carl (2018): *Entwicklung der Persönlichkeit (Konzepte der Humanwissenschaften): Psychotherapie aus der Sicht eines Therapeuten*. Stuttgart: Klett-Cotta.

Schmid, Wilhelm (2004): *Mit sich selbst befreundet sein*. Berlin: Suhrkamp.

Schmid, Wilhelm (2021): *Heimat finden: Vom Leben in einer ungewissen Welt*. Berlin: Suhrkamp.

Schmidbauer, Wolfgang (1996): *Die Angst vor Nähe*. Reinbek bei Hamburg: Rowohlt.

Schnarch, David (2011): *Intimität und Verlangen*. Stuttgart: Klett-Cotta.

Schnarch, David (2016): *Die Psychologie sexueller Leidenschaft*. Stuttgart: Klett-Cotta.

Seiffge-Krenke, Inge (2021): „Flucht vor Intimität." *Psychologie Heute* 10/2021.

Stahl, Stefanie (2008): *Jein – Bindungsängste erkennen und bewältigen*. Hamburg: Ellert & Richter.

Stahl, Stefanie (2015): *Das Kind in dir muss Heimat finden: Der Schlüssel zur Lösung (fast) aller Probleme*. München: Kailash.

Stahl, Stefanie (2020): *Ja, Nein, Vielleicht! – Nie mehr Angst vor Nähe*. München: Kösel.

Tawwab, Nedra Glover (2021): *Grenzen machen uns frei: Ein Wegweiser, sich selbst treu zu bleiben*. Stuttgart: Unimedica – Imprint vom Narayana Verlag.

Vogler, Jan-Rüdiger (2021): *Die Humorschatzkiste*. Stuttgart: Klett-Cotta.

Wendl, Peter (2013): *Gelingende Fern-Beziehung: Entfernt – zusammen – wachsen*. Freiburg: Herder.